下尺丹几乙し丹卞と

Translated Language Learning

Der Fischer und seine Seele

The Fisherman and his Soul

Oscar Wilde

Deutsch / English

Published by Tranzlaty

ISBN: 978-1-83566-041-6

Original text by Oscar Wilde

The Fisherman and his Soul

First published in English in 1891

www.tranzlaty.com

Der Fischer und seine Seele
The Fisherman and his Soul

Die Meerjungfrau / The Mermaid

Jeden Abend fuhr der junge Fischer aufs Meer hinaus
Every evening the young Fisherman went out upon the
sea
und er warf seine Netze ins Wasser
and he threw his nets into the water
Als der Wind vom Land wehte, fing er nichts
When the wind blew from the land he caught nothing
oder er fing bestenfalls wenig
or he caught but little at best
weil es ein bitterer und schwarzflügeliger Wind war
because it was a bitter and black-winged wind
**und rauhe Wellen erhoben sich, um dem Wind vom
Lande her entgegenzutreten**
and rough waves rose up to meet the wind from the land
**Aber wenn der Wind ans Ufer blies, kamen die Fische
aus der Tiefe herein**
But when the wind blew to the shore the fishes came in
from the deep
**und die Fische schwammen in die Maschen seiner
Netze**
and the fishes swam into the meshes of his nets
und er führte sie auf den Markt
and he took them to the market-place
und er verkaufte die Fische, die er fing
and he sold the fishes he caught

Es gab einen besonderen Abend
there was one special evening
**Das Netz war so schwer, dass er es kaum auf das Boot
ziehen konnte**
the net was so heavy he could hardly pull it onto the

boat

Der Fischer lachte in sich hinein

The fisherman laughed to himself

"Sicherlich habe ich alle Fische gefangen, die schwimmen"

"Surely, I have caught all the fish that swim"

"Oder ich habe ein schreckliches Monster gefangen"

"or I have snared some horrible monster"

"Ein Monster, das den Menschen ein Wunder sein wird"

"a monster that will be a marvel to men"

"Oder es wird ein Horror"

"or it will be a thing of horror"

"ein Tier, das die große Königin begehren wird"

"a beast that the great Queen will desire"

Mit aller Kraft zerrte er an den groben Seilen

With all his strength he tugged at the coarse ropes

Er zog, bis die langen Adern an seinen Armen aufstiegen

he pulled until the long veins rose up on his arms

wie Linien aus blauer Emaille um eine Vase aus Bronze

like lines of blue enamel round a vase of bronze

Er zerrte an den dünnen Seilen

He tugged at the thin ropes

und endlich erhob sich das Netz bis an die Spitze des Wassers

and at last the net rose to the top of the water

Aber es waren keine Fische in seinem Netz

But there were no fish in his net

noch gab es ein Ungeheuer oder ein Ding des Schreckens

nor was there a monster or thing of horror

es gab nur eine kleine Meerjungfrau
there was only a little Mermaid
Sie lag fest schlafend in seinem Netz
she was lying fast asleep in his net
Ihr Haar war wie eine nasse Folie aus Gold
Her hair was like a wet foil of gold
und jedes Haar war wie ein goldener Faden
and each hair was like a thread of gold
wie goldene Flocken in einem Glas Wasser
like golden flakes in a glass of water
Ihr Körper war wie weißes Elfenbein
Her body was as white ivory
und ihr Schwanz war aus Silber und Perlen
and her tail was made of silver and pearl
und das grüne Unkraut des Meeres wickelte sich um ihren Schwanz
and the green weeds of the sea coiled round her tail
und wie Muscheln waren ihre Ohren
and like sea-shells were her ears
und ihre Lippen waren wie Seekorallen
and her lips were like sea-coral
Die kalten Wellen prasselten über ihre kalten Brüste
The cold waves dashed over her cold breasts
und das Salz glänzte auf ihren Augenlidern
and the salt glistened upon her eyelids
Sie war so schön, dass er sich wunderte
She was so beautiful that the he was filled with wonder
und er streckte seine Hand aus
and he put out his hand
und er zog das Netz dicht an sich heran
and he drew the net close to him
Er beugte sich über die Seite und umklammerte sie mit seinen Armen

leaning over the side he clasped her in his arms

Sie erwachte und sah ihn erschrocken an

She woke, and looked at him in terror

Als er sie berührte, stieß sie einen Schrei aus

When he touched her she gave a cry

Sie schrie auf wie eine erschrockene Möwe

she cried out like a startled sea-gull

Sie sah ihn mit ihren malvenfarben-amethystfarbenen Augen an

she looked at him with her mauve-amethyst eyes

und sie kämpfte, um zu entkommen

and she struggled so that she might escape

Aber er drückte sie fest an sich

But he held her tightly to him

und er erlaubte ihr nicht, zu gehen

and he would not allow her to depart

Sie weinte, als sie sah, dass sie nicht entkommen konnte

She wept when she saw she couldn't escape

"Ich bitte dich, lass mich gehen"

"I pray thee, let me go"

"Ich bin die einzige Tochter eines Königs"

"I am the only daughter of a King"

"Und mein Vater ist alt und allein"

"and my father is aged and alone"

Aber der junge Fischer ließ sie nicht gehen

But the young Fisherman would not let her go

"Ich werde dich nicht gehen lassen, wenn du mir nicht ein Versprechen gibst"

"I will not let thee go unless you make me a promise"

"Versprich mir, dass du, wann immer ich dich rufe, kommen und mir singen wirst"

"promise me that whenever I call thee thou wilt come

and sing to me"

"Weil dein Lied die Fische erfreut"

"because your song delights the fishes"

"Sie kommen, um das Lied des Seevolkes zu hören"

"they come to listen to the song of the Sea-folk"

"Und dann werden meine Netze voll sein"

"and then my nets shall be full"

"Würdest du mich wirklich gehen lassen, wenn ich das verspreche?" rief die Seejungfrau

"Would thou truly let me go if I promise this?" cried the Mermaid

"Wahrhaftig, ich will dich gehen lassen!" sagte der junge Fischer

"In very truth I will let thee go" said the young Fisherman

Also gab sie ihm das Versprechen, das er sich wünschte

So she made him the promise he desired

und sie schwor es bei dem Eid des Seevolkes

and she swore it by the oath of the Sea-folk

Und er löste seine Arme von ihr

And he loosened his arms from her

und sie sank ins Wasser hinab

and she sank down into the water

und sie zitterte vor einer seltsamen Furcht

and she trembled with a strange fear

Jeden Abend fuhr der junge Fischer aufs Meer hinaus

Every evening the young Fisherman went out upon the sea

und er rief nach der Meerjungfrau

and he called out to the Mermaid

Und sie erhob sich aus dem Wasser und sang ihm

and she rose out of the water and sang to him
Um sie herum schwammen die Delphine
Round and round her swam the dolphins
und die wilden Möwen kreisten über ihrem Kopf
and the wild gulls wheeled above her head
Und sie sang ein wunderbares Lied
And she sang a marvellous song
Sie sang von den Seeleuten
She sang of the Sea-folk
Meermänner, die ihre Herden von Höhle zu Höhle treiben
mermen who drive their flocks from cave to cave
und Meermänner, die die kleinen Kälber auf ihren Schultern tragen
and mermen who carry the little calves on their shoulders
sie sang von den Tritonen, die lange grüne Bärte haben
she sang of the Tritons who have long green beards
und sie sang von ihren behaarten Brüsten
and she sang of their hairy chests
sie blasen durch verdrehte Muscheln, wenn der König vorbeigeht
they blow through twisted conchs when the King passes
sie sang vom Palast des Königs
she sang of the palace of the King
Der Palast, der ganz aus Bernstein besteht
the palace which is made entirely of amber
Es hat ein Dach aus klarem Smaragd
it has a roof of clear emerald
und es hat ein Pflaster aus leuchtenden Perlen
and it has a pavement of bright pearl
und sie sang von den Gärten des Meeres
and she sang of the gardens of the sea

Gärten, in denen große Korallenfans den ganzen Tag
lang Wellen
gardens where great fans of coral wave all day long
und Fische huschen umher wie silberne Vögel
and fish dart about like silver birds
und die Anemonen klammern sich an die Felsen
and the anemones cling to the rocks
Sie sang von den großen Walen
She sang of the big whales
Wale, die aus der Nordsee kommen
whales that come down from the north seas
Sie haben scharfe Eiszapfen, die an ihren Flossen
hängen
they have sharp icicles hanging to their fins
sie sang von den Sirenen, die von wunderbaren
Dingen erzählen
she sang of the Sirens who tell of wonderful things
So wunderbar, dass Händler sich die Ohren mit Wachs
verstopfen
so wonderful that merchants block their ears with wax
so dass sie sie nicht hören können
so that they can not hear them
denn wenn sie sie hörten, würden sie ins Wasser
springen
because if they heard them they would leap into the
water
und sie würden im Meer ertrinken
and they would be drowned in the sea
Sie sang von den versunkenen Galeeren mit ihren
hohen Masten
she sang of the sunken galleys with their tall masts
und die gefrorenen Matrosen, die sich an die Takelage
klammern

and the frozen sailors clinging to the rigging
**und die Makrele, die in die offenen Bullaugen hinein-
und herausschwimmt**
and the mackerel swimming in and out of the open
portholes
Sie sang von den kleinen Seepocken
she sang of the little barnacles
Sie sind großartige Reisende
they are great travellers
sie klammern sich an die Kiele der Schiffe
they cling to the keels of the ships
und sie gehen um die Welt
and they go round and round the world
und sie sang von den Tintenfischen
and she sang of the cuttlefish
die Tintenfische, die an den Seiten der Klippen leben
the cuttlefish who live in the sides of the cliffs
und sie strecken ihre langen schwarzen Arme aus
and they stretch out their long black arms
**und sie können die Nacht kommen lassen, wann sie
wollen**
and they can make night come when they will it
Sie sang von dem Nautilus
She sang of the nautilus
Die Nautilus, die ein eigenes Boot hat
the nautilus who has a boat of her own
ein Boot, das aus einem Opal geschnitzt ist
a boat that is carved out of an opal
und das Boot wird mit einem seidenen Segel gesteuert
and the boat is steered with a silken sail
**sie sang von den glücklichen Meermännern, die auf
Harfen spielen**
she sang of the happy Mermen who play upon harps

sie können den großen Kraken in den Schlaf zaubern
they can charm the great Kraken to sleep
sie sang von den kleinen Kindern
she sang of the little children
**die kleinen Kinder, die die glitschigen Schweinswale
fangen**
the little children who catch the slippery porpoises
und sie reiten lachend auf ihrem Rücken
and they ride laughing upon their backs
**sie sang von den Meerjungfrauen, die im weißen
Schaum liegen**
she sang of the Mermaids who lie in the white foam
und sie strecken ihre Arme nach den Seeleuten aus
and they hold out their arms to the mariners
**Sie sang von den Seelöwen mit ihren gebogenen
Stoßzähnen**
she sang of the sea-lions with their curved tusks
und die Seepferdchen mit ihren wehenden Mähnen
and the sea-horses with their floating manes
Wenn sie sang, kamen die Fische aus dem Meer
When she sang the fishes came from the sea
Sie kamen, um ihr zuzuhören
they came to listen to her
der junge Fischer warf seine Netze um sie herum
the young Fisherman threw his nets round them
und er fing viele Fische
and he caught many fish
Andere Fische fing er mit einem Speer
Other fish he caught with a spear
Und wenn sein Boot voll war, sank die Meerjungfrau
And when his boat was full the Mermaid would sink
Sie ging zurück ins Meer und lächelte ihn an
she went back down into the sea smiling at him

Sie kam ihm nie nahe genug, um sie zu berühren
She never got close enough for him to touch her
Oft rief er nach ihr
Often times he called to her
und er flehte sie an, näher zu kommen
and he begged to her to come closer
aber sie wollte nicht näher kommen
but she would not come closer
Als er versuchte, sie zu fangen, tauchte sie ins Wasser
when he tried to catch her she dived into the water
So wie ein Seehund ins Meer tauchen würde
just like a seal might dive into the sea
und er würde sie an diesem Tag nicht wiedersehen
and he wouldn't see her again that day

Und jeden Tag wurde ihre Stimme süßer in seinen Ohren
And each day her voice became sweeter to his ears
Ihre Stimme war so süß, dass er seine Netze vergaß
Her voice so sweet that he forgot his nets
und er vergaß seine Schlauheit
and he forgot his cunning
Er kümmerte sich nicht um sein Handwerk
he had no care for his craft
Der Thunfisch zog in Schwärmen vorbei
The tuna went by in shoals
aber er achtete nicht auf sie
but he didn't pay any attention to them
Sein Speer lag unbenutzt neben ihm
His spear lay by his side unused
und seine Körbe mit geflochtenen Weiden waren leer
and his baskets of plaited osier were empty
Mit geöffneten Lippen saß er müßig in seinem Boot

und lauschte
With lips parted he sat idle in his boat and listened
und seine Augen waren trübe vor Staunen
and his eyes were dim with wonder
Er lauschte, bis die Nebel des Meeres um ihn herum krochen
he listened till the sea-mists crept round him
und der wandernde Mond befleckte seine braunen Glieder mit Silber
and the wandering moon stained his brown limbs with silver

Eines Abends rief er nach der Meerjungfrau
One evening he called to the mermaid
"Kleine Meerjungfrau, ich liebe dich"
"Little Mermaid, I love thee"
"Nimm mich zu deinem Bräutigam, denn ich liebe dich"
"Take me for thy bridegroom, for I love thee"
Aber die Meerjungfrau schüttelte den Kopf
But the Mermaid shook her head
"Du hast eine Menschenseele", antwortete sie
"Thou hast a human soul" she answered
"Wenn du nur deine Seele wegschicken wolltest, dann könnte ich dich lieben"
"If only thou would send away thy soul, then could I love thee"
Und der junge Fischer sprach zu sich selbst: "Was nützt mir meine Seele?"
And the young Fisherman said to himself, "Of what use is my soul to me?"
"Ich kann es nicht sehen"
"I cannot see it"

"Ich kann es nicht anfassen"
"I cannot not touch it"
"Ich weiß es nicht"
"I do not know it"
"Ich werde es von mir wegschicken"
"I will send it away from me"
"Und viel Freude wird mein sein"
"and much gladness shall be mine"
Und ein Freudenschrei entrang sich seinen Lippen
And a cry of joy broke from his lips
er streckte der Meerjungfrau die Arme entgegen
he held out his arms to the Mermaid
"Ich werde meine Seele wegschicken", rief er
"I will send my soul away" he cried
"Und du sollst meine Braut sein"
"and you shall be my bride"
"und ich will dein Bräutigam sein"
"and I will be thy bridegroom"
"Und in der Tiefe des Meeres werden wir zusammen wohnen"
"and in the depth of the sea we will dwell together"
"Und alles, was du besungen hast, sollst du mir zeigen"
"and all that thou hast sung of thou shalt show me"
"und alles, was du willst, werde ich tun"
"and all that thou desirest I will do"
"Unser Leben wird nicht geteilt"
"Our lives will not be divided"
Und die kleine Meerjungfrau lachte vor Vergnügen
And the little Mermaid laughed for pleasure
und sie verbarg ihr Gesicht in den Händen
and she hid her face in her hands
»Aber wie soll ich meine Seele von mir schicken?« rief der junge Fischer

"But how shall I send my soul from me?" cried the young Fisherman

"Sag mir, wie ich es machen kann"
"Tell me how I can do it"

"Sag es mir, und es wird geschehen"
"tell me and it shall be done"

"Ach! Ich weiß es nicht!" sagte die kleine Seejungfrau
"Alas! I know not" said the little Mermaid

"Das Seevolk hat keine Seele"
"the Sea-folk have no souls"

Und sie sank ins Meer hinab
And she sank down into the sea

und sie blickte wehmütig zu ihm auf
and she looked up at him wistfully

Der Priester / The Priest

Früh am nächsten Morgen
Early on the next morning
bevor die Sonne über den Hügeln stand
before the sun was above the hills
der junge Fischer ging in das Haus des Priesters
the young Fisherman went to the house of the Priest
Er klopfte dreimal an die Tür
he knocked three times at the door
Der Priester schaute durch die Tür hinaus
The priest looked out through the door
Als er sah, wer es war, zog er den Riegel zurück
when he saw who it was he drew back the latch
und er sprach zu ihm: Tritt ein
and he said to him "Enter"
Und der junge Fischer ging hinein
And the young Fisherman went in
Er kniete nieder auf dem süß duftenden Binsen des Bodens
he knelt down on the sweet-smelling rushes of the floor
und er rief dem Priester zu: "Vater!"
and he cried to the Priest, "Father"
"Ich bin verliebt in einen der Seeleute"
"I am in love with one of the Sea-folk"
"Und meine Seele hindert mich daran, mein Verlangen zu haben"
"and my soul hindereth me from having my desire"
"Sag mir, wie ich meine Seele von mir wegschicken kann"
"Tell me how I can send my soul away from me"
"Ich brauche es wirklich nicht"
"I truly have no need of it"

"Welchen Wert hat mir meine Seele?"
"Of what value is my soul to me?"
"Ich kann es nicht sehen"
"I cannot see it"
"Ich kann es nicht anfassen"
"I cannot not touch it"
"Ich weiß es nicht"
"I do not know it"
Und der Priester schlug sich auf die Brust
And the Priest beat his chest
Und er antwortete: Du bist wahnsinnig
and he answered, "thou art mad"
"Oder du hast giftige Kräuter gegessen!"
"or you have eaten poisonous herbs!"
"Die Seele ist der edelste Teil des Menschen"
"the soul is the noblest part of man"
"Und die Seele ist uns von Gott gegeben"
"and the soul was given to us by God"
"damit wir es edel gebrauchen"
"so that we should nobly use it"
"Es gibt nichts Wertvolleres als eine Menschenseele"
"There is no thing more precious than a human soul"
"Es gibt auch nichts Irdisches, das damit gewogen
werden kann"
"nor is there any earthly thing that can be weighed with
it"
"Es ist alles Gold wert, das es auf der Welt gibt"
"It is worth all the gold that is in the world"
"Es ist kostbarer als die Rubine der Könige"
"it is more precious than the rubies of the kings"
"Denke nicht mehr an diese Sache, mein Sohn"
"Think not any more of this matter, my son"
"Denn es ist eine Sünde, die nicht vergeben werden

kann"

"for it is a sin that may not be forgiven"

"Und was das Seevolk betrifft, so sind sie verloren"

"And as for the Sea-folk, they are lost"

"Und diejenigen, die mit ihnen leben, sind auch verloren"

"and those who live with them are also lost"

"Sie sind wie die Tiere auf dem Feld"

"They are like the beasts of the field"

"Diejenigen, die nicht zwischen Gut und Böse unterscheiden"

"those that don't know good from evil"

"Der Herr ist nicht um ihretwillen gestorben"

"the Lord has not died for their sake"

er hörte die bitteren Worte des Priesters

he heard the bitter words of the Priest

und die Augen des jungen Fischers füllten sich mit Tränen

and the young Fisherman's eyes filled with tears

Er erhob sich von seinen Knien

he rose up from his knees

und er sprach zu ihm: Vater!

and he said to him, "Father"

"Die Faune leben im Wald und freuen sich"

"the Fauns live in the forest and they are glad"

"Und auf den Felsen sitzen die Meermänner mit ihren Harfen aus rotem Gold"

"and on the rocks sit the Mermen with their harps of red gold"

"Laß mich sein, wie sie sind, ich flehe dich an"

"Let me be as they are, I beseech thee"

"Denn ihre Tage sind wie die Tage der Blumen"

"for their days are as the days of flowers"

"Und was meine Seele betrifft; Was nützt mir meine Seele?"

"And, as for my soul; what doth my soul profit me?"

"Wie ist es gut, wenn es zwischen dem steht, was ich liebe?"

"how is it good if it stands between what I love?"

»Die Liebe des Leibes ist abscheulich,« rief der Priester

"The love of the body is vile" cried the Priest

"Und abscheulich und böse sind die heidnischen Dinge"

"and vile and evil are the pagan things"

"Verflucht seien die Faune des Waldes"

"Accursed be the Fauns of the woodland"

"Und verflucht seien die Sänger des Meeres!"

"and accursed be the singers of the sea!"

"Ich habe sie in der Nacht gehört"

"I have heard them at night-time"

"Und sie haben versucht, mich von meiner Bibel wegzulocken"

"and they have sought to lure me from my bible"

"Sie klopfen ans Fenster und lachen"

"They tap at the window, and laugh"

"Sie flüstern mir die Geschichte ihrer gefährlichen Freuden ins Ohr"

"They whisper into my ears the tale of their perilous joys"

"Sie führen mich mit Versuchungen in Versuchung"

"They tempt me with temptations"

"Und wenn ich beten will, machen sie sich über mich lustig"

"and when I try to pray they mock me"

"Sie sind verloren, sage ich dir"

"They are lost, I tell thee"
"Für sie gibt es weder Himmel noch Hölle"
"For them there is no heaven, nor hell"
"und sie werden den Namen Gottes nicht preisen"
"and they shall never praise God's name"
»Vater!« rief der junge Fischer
"Father" cried the young Fisherman
"Du weißt nicht, was du sagst"
"thou knowest not what thou sayest"
"Einmal in meinem Netz, habe ich die Tochter eines Königs gefangen"
"Once in my net I snared the daughter of a King"
"Sie ist schöner als der Morgenstern"
"She is fairer than the morning star"
"Und sie ist weißer als der Mond"
"and she is whiter than the moon"
"Für ihren Leib würde ich meine Seele geben"
"For her body I would give my soul"
"und für ihre Liebe würde ich den Himmel hingeben"
"and for her love I would surrender heaven"
"Sag mir, was ich von dir verlange"
"Tell me what I ask of thee"
"Und lass mich in Frieden gehen"
"and let me go in peace"
"Weg! Fort!« rief der Priester
"Away! Away!" cried the Priest
"Deine Geliebte ist verloren, und du wirst mit ihr verloren sein"
"thy lover is lost and thou shalt be lost with her"
Er gab ihm keinen Segen
he gave him no blessing
und er trieb ihn von seiner Tür
and he drove him from his door

der junge Fischer ging auf den Marktplatz hinunter
the young Fisherman went down into the market-place
Er ging langsam mit gesenktem Kopf
he walked slowly with bowed head
Er wandelte wie einer, der in Trauer ist
he walked like one who is in sorrow
Als die Kaufleute ihn kommen sahen, flüsterten sie einander zu
when the merchants saw him coming they whispered to each other
und einer von ihnen kam ihm entgegen
and one of them came forth to meet him
und er rief ihn beim Namen
and he called him by name
»Was hast du zu verkaufen?«
"What hast thou to sell?"
"Ich will dir meine Seele verkaufen"
"I will sell thee my soul"
"Ich bitte dich, kaufe es mir ab"
"I pray thee buy it off me"
"Weil ich dessen überdrüssig bin"
"because I am weary of it"
"Was nützt mir meine Seele?"
"Of what use is my soul to me?"
"Ich kann es nicht sehen"
"I cannot see it"
"Ich kann es nicht anfassen"
"I cannot not touch it"
"Ich weiß es nicht"
"I do not know it"
Aber die Kaufleute verspotteten ihn
But the merchants mocked him
"Was nützt uns die Seele eines Menschen?"

"Of what use is a man's soul to us?"
"Es ist kein Silberstück wert"
"It is not worth a piece of silver"
"Verkaufe uns deinen Leib für einen Sklaven"
"Sell us thy body for a slave"
"Und wir wollen dich in Purpur kleiden"
"and we will clothe thee in sea-purple"
"Und wir stecken dir einen Ring an den Finger"
"and we'll put a ring upon thy finger"
"und wir machen dich zum Diener der großen Königin"
"and we'll make thee the minion of the great Queen"
"Aber sprich nicht von der Seele mit uns"
"But don't talk of the soul to us"
"Weil es uns nichts nützt"
"because for us it is of no use"
Und der junge Fischer dachte bei sich
And the young Fisherman thought to himself
"Was für eine seltsame Sache das ist!"
"How strange a thing this is!"
"Der Priester sagte, die Seele sei alles Gold der Welt wert"
"The Priest said the soul is worth all the gold in the world"
"Aber die Kaufleute sagen, es sei kein Silberstück wert"
"but the merchants say it is not worth a piece of silver"
Und er verließ den Markt
And he went out of the market-place
und er ging hinab an das Ufer des Meeres
and he went down to the shore of the sea
und fing an, darüber nachzudenken, was er tun sollte
and began to ponder on what he should do

Die Hexe / The Witch

Am Mittag erinnerte er sich an einen seiner Gefährten
At noon he remembered one of his companions
Er war ein Sammler von Meerfenchel
he was a gatherer of samphire
er hatte ihm von einer jungen Hexe erzählt, die in einer Höhle wohnte
he had told him of a young Witch who dwelt in a cave
und sie war sehr listig in ihren Hexereien
and she was very cunning in her witcheries
Er stand auf und rannte zur Höhle
He stood up and ran to the cave
Durch das Jucken ihrer Handfläche erkannte die junge Hexe sein Kommen
By the itching of her palm the young Witch knew his coming
und sie lachte und ließ ihr rotes Haar herab
and she laughed and let down her red hair
Sie stand an der Öffnung der Höhle
She stood at the opening of the cave
Ihr rotes Haar floss um sie herum
her red hair flowed around her
und in der Hand hielt sie einen Sprühnebel wilder Schierlingskrankheit
and in her hand she had a spray of wild hemlock
»Was fehlt dir?« fragte sie, als er kam
"What do you lack?" she asked, as he came
Er keuchte, als er zu ihr kam
he was panting when got to her
und er beugte sich vor ihr nieder
and he bent down before her
"Willst du Fisch für den Windstillstand?"

"Do you want fish for when there is no wind?"
"Ich habe eine kleine Rohrpfeife"
"I have a little reed-pipe"
"Und wenn ich darauf blase, kommt die Meeräsche in die Bucht gesegelt"
"and when I blow on it the mullet come sailing into the bay"
"Aber es hat seinen Preis, hübscher Junge"
"But it has a price, pretty boy"
"Was fehlt dir?"
"What do you lack?"
"Willst du, dass ein Sturm die Schiffe zerstört?"
"Do you want a storm to wreck the ships?"
"Es wird die Truhen mit reichen Schätzen an Land spülen"
"It will wash the chests of rich treasure ashore"
"Ich habe mehr Stürme als den Wind"
"I have more storms than the wind"
"Ich diene einem, der stärker ist als der Wind"
"I serve one who is stronger than the wind"
"Ich kann die großen Galeeren auf den Grund des Meeres schicken"
"I can send the great galleys to the bottom of the sea"
"Mit einem Sieb und einem Eimer Wasser"
"with a sieve and a pail of water"
"Aber ich habe einen Preis, hübscher Junge"
"But I have a price, pretty boy"
"Was fehlt dir?"
"What do you lack?"
"Ich kenne eine Blume, die im Tal wächst"
"I know a flower that grows in the valley"
"Niemand außer mir kennt diese Blume"
"no one knows of this flower but I"

"Er hat violette Blätter und in seinem Herzen ist ein Stern"

"It has purple leaves and in its heart is a star"

"Und sein Saft ist weiß wie Milch"

"and its juice is as white as milk"

"Wenn du damit die Lippen der Königin berührst, wird sie dir folgen"

"If thou touch the lips of the Queen with it, she'll follow you"

"Sie würde dir in die ganze Welt folgen"

"she would follow thee all over the world"

"Aus dem Bett des Königs würde sie sich erheben"

"Out of the bed of the King she would rise"

"Und in der ganzen Welt würde sie dir folgen"

"and over the whole world she would follow thee"

"Aber es hat seinen Preis, hübscher Junge"

"But it has a price, pretty boy"

"Was fehlt dir?"

"What do you lack?"

"Ich kann eine Kröte in einem Mörser zerstoßen"

"I can pound a toad in a mortar"

"Und ich kann aus der Kröte Brühe machen"

"and I can make broth of the toad"

"Rühre die Brühe mit der Hand eines Toten um"

"stir the broth with a dead man's hand"

"Streue es auf deinen Feind, während er schläft"

"Sprinkle it on thine enemy while he sleeps"

"Und er wird sich in eine schwarze Viper verwandeln"

"and he will turn into a black viper"

"Und seine eigene Mutter wird ihn töten"

"and his own mother will slay him"

"Mit einem Rad kann ich den Mond vom Himmel ziehen"

"With a wheel I can draw the Moon from heaven"
"und in einem Kristall kann ich dir den Tod zeigen"
"and in a crystal I can show thee Death"
"Was fehlt dir?"
"What do you lack?"
"Sag mir deinen Wunsch, und ich werde ihn dir geben"
"Tell me thy desire and I will give it to you"
"Und du sollst mir einen Preis zahlen, hübscher Junge"
"and thou shalt pay me a price, pretty boy"

"Mein Verlangen ist nur eine Kleinigkeit"
"My desire is but for a little thing"
"Doch der Priester war zornig auf mich"
"yet the Priest was angry with me"
"Und er hat mich verjagt"
"and he chased me away"
"Mein Wunsch ist nur eine Kleinigkeit"
"My wish is but for a little thing"
"Doch die Kaufleute haben mich verspottet"
"yet the merchants have mocked me"
"Und sie haben mir meinen Wunsch verweigert"
"and they denied me my wish"
"Darum bin ich zu dir gekommen"
"Therefore have I come to thee"
"Ich bin gekommen, obwohl die Menschen dich böse nennen"
"I came although men call thee evil"
"Aber was auch immer dein Preis ist, ich werde ihn bezahlen"
"but whatever thy price is I shall pay it"
"Was willst du?" fragte die Hexe
"What would'st thou?" asked the Witch
und sie nahte sich ihm

and she came near to him
"Ich will meine Seele von mir wegschicken,"
antwortete der junge Fischer
"I wish to send my soul away from me" answered the
young Fisherman
Die Hexe wurde bleich und schauderte
The Witch grew pale, and shuddered
und sie verbarg ihr Gesicht in ihrem blauen Mantel
and she hid her face in her blue mantle
"Hübscher Junge", murmelte sie
"Pretty boy" she muttered
"Das ist eine schreckliche Sache"
"that is a terrible thing to do"
Er warf seine braunen Locken hin und her und lachte
He tossed his brown curls and laughed
"Meine Seele ist mir nichts", antwortete er
"My soul is nought to me" he answered
"Ich kann es nicht sehen"
"I cannot see it"
"Ich kann es nicht anfassen"
"I cannot not touch it"
"Ich weiß es nicht"
"I do not know it"
"Was würdest du mir geben, wenn ich es dir sage?"
fragte die Hexe
"What would thou give me if I tell thee?" asked the
Witch
und sie sah mit ihren schönen Augen auf ihn herab
and she looked down at him with her beautiful eyes
»Fünf Goldstücke«, sagte er
"Five pieces of gold" he said
"Und ich werde dir meine Netze geben"
"and I will give you my nets"

"Und ich werde dir das Haus geben, in dem ich wohne"

"and I will give you the house where I live"

"Und du kannst mein Boot haben"

"and you can have my boat"

"Sag mir, wie ich meine Seele loswerden kann"

"Tell me how to get rid of my soul"

"Und ich will dir alles geben, was ich besitze"

"and I will give thee all that I possess"

Sie lachte ihn spöttisch an

She laughed mockingly at him

und sie schlug ihn mit dem Sprühnebel des Schierlings

and she struck him with the spray of hemlock

"Ich kann das Herbstlaub in Gold verwandeln"

"I can turn the autumn leaves into gold"

"und ich kann die bleichen Mondstrahlen zu Silber weben"

"and I can weave the pale moonbeams into silver"

"Wem ich diene, der ist reicher als alle Könige"

"He whom I serve is richer than all kings"

"Was soll ich dir denn geben, wenn dein Preis weder Gold noch Silber ist?"

"What then shall I give thee if thy price be neither gold nor silver?"

"Die Hexe strich ihm mit ihrer dünnen weißen Hand über die Haare"

"The Witch stroked his hair with her thin white hand"

»Du mußt mit mir tanzen, hübscher Junge«, murmelte sie

"Thou must dance with me, pretty boy" she murmured

und sie lächelte ihn an, während sie sprach

and she smiled at him as she spoke

»Nichts als das?« rief der junge Fischer

"Nothing but that?" cried the young Fisherman

Und er fragte sich, warum sie nicht nach mehr fragte

and he wondered why she didn't ask for more

Er erhob sich

He rose to his feet

"Nichts als das", antwortete sie

"Nothing but that" she answered

und sie lächelte ihn wieder an

and she smiled at him again

"Dann werden wir bei Sonnenuntergang zusammen tanzen"

"Then at sunset we shall dance together"

"Und wenn wir getanzt haben, sollst du es mir sagen"

"And after we have danced thou shalt tell me"

"Das, was ich zu wissen wünsche"

"The thing which I desire to know"

Sie schüttelte den Kopf

She shook her head

»Wenn der Mond voll ist«, murmelte sie

"When the moon is full" she muttered

Dann spähte sie ringsum und lauschte

Then she peered all round, and listened

Ein blauer Vogel erhob sich schreiend aus seinem Nest

A blue bird rose screaming from its nest

und der blaue Vogel kreiste über den Dünen

and the blue bird circled over the dunes

und drei gefleckte Vögel raschelten im Gras

and three spotted birds rustled in the grass

und sie pfiffen einander zu

and they whistled to each other

Es gab kein anderes Geräusch als das Geräusch einer Welle

There was no other sound except for the sound of a

wave
Die Welle zermalmte Kieselsteine
the wave was crushing pebbles
Da streckte sie ihre Hand aus
So she reached out her hand
und sie zog ihn an sich
and she drew him near to her
und sie legte ihre trockenen Lippen dicht an sein Ohr
and she put her dry lips close to his ear
»Heute nacht mußt du auf den Gipfel des Berges kommen«, flüsterte sie
"Tonight thou must come to the top of the mountain" she whispered
"Es ist ein Sabbat, und er wird dort sein"
"It is a Sabbath, and He will be there"
Der junge Fischer erschrak
The young Fisherman was startled
und er sah sie an
and he looked at her
Sie zeigte ihre weißen Zähne und lachte
she showed her white teeth and laughed
"Wer ist der, von dem du sprichst?"
"Who is He of whom thou speakest?"
"Das macht nichts", antwortete sie
"It matters not" she answered
"Geh heute Abend dorthin"
"Go there tonight"
"Warte auf mich unter den Zweigen der Hainbuche"
"wait for me under the branches of the hornbeam"
"Wenn ein schwarzer Hund auf dich zuläuft, gerate nicht in Panik"
"If a black dog runs towards thee don't panic"
"Schlag den Hund mit Weide und er wird

verschwinden"
"strike the dog with willow and it will go away"
"Wenn eine Eule zu dir spricht, antworte ihr nicht"
"If an owl speaks to thee don't answer it"
"Wenn der Mond voll ist, werde ich bei dir sein"
"When the moon is full I shall be with thee"
"Und wir werden zusammen auf dem Rasen tanzen"
"and we will dance together on the grass"
»Aber schwörst du, mir zu sagen, wie ich meine Seele fortschicken soll?«
"But do you swear to tell me how to send my soul away?"
Sie zog hinaus ins Sonnenlicht
She moved out into the sunlight
und der Wind kräuselte sich durch ihr rotes Haar
and the wind rippled through her red hair
"Bei den Hufen der Ziege, ich schwöre es"
"By the hoofs of the goat I swear it"
"Du bist die beste der Hexen!" rief der junge Fischer
"Thou art the best of the witches" cried the young Fisherman
"Und ich werde heute Abend gewiß mit dir tanzen"
"and I will surely dance with thee tonight"
"Mir wäre es lieber gewesen, wenn du nach Gold oder Silber gefragt hättest"
"I would have preferred it if you had asked for gold or silver"
"Aber wenn dies dein Preis ist, werde ich ihn bezahlen"
"But if this is thy price I shall pay it"
"Weil es nur eine Kleinigkeit ist"
"because it is but a little thing"
Er nahm ihr seine Mütze ab und neigte den Kopf tief

He doffed his cap to her and bent his head low
und er lief mit Freude im Herzen in die Stadt zurück
and he ran back to town with joy in his heart
Und die Hexe beobachtete ihn, als er ging
And the Witch watched him as he went
und als er aus ihren Augen verschwunden war, trat sie in ihre Höhle
and when he had passed from her sight she entered her cave
Sie nahm einen Spiegel aus einer Schachtel
she took out a mirror from a box
und sie stellte den Spiegel auf einen Rahmen
and she set up the mirror on a frame
Sie verbrannte Eisenkraut auf brennender Holzkohle vor dem Spiegel
She burned vervain on lighted charcoal before the mirror
und sie spähte durch die Rauchschwaden
and she peered through the coils of the smoke
Und nach einer Weile ballte sie zornig die Hände
And after a time she clenched her hands in anger
"Er hätte mir gehören sollen", murmelte sie
"He should have been mine" she muttered
"Ich bin so schön wie sie"
"I am as beautiful as she is"

Als der Mond aufgegangen war, verließ er seine Hütte
When the moon had risen he left his hut
der junge Fischer kletterte auf den Gipfel des Berges
the young Fisherman climbed up to the top of the mountain
und er stand unter den Zweigen der Hainbuche
and he stood under the branches of the hornbeam
Das Meer lag zu seinen Füßen wie eine Scheibe aus

poliertem Metall
The sea lay at his feet like a disc of polished metal
**und die Schatten der Fischerboote bewegten sich in
der kleinen Bucht**
and the shadows of the fishing boats moved in the little
bay
Eine große Eule mit gelben Augen rief ihn
A great owl with yellow eyes called him
sie rief ihn bei seinem Namen
it called him by his name
aber er gab keine Antwort
but he made it no answer
Ein schwarzer Hund rannte auf ihn zu und knurrte
A black dog ran towards him and snarled
Aber er geriet nicht in Panik
but he did not panic
und er schlug den Hund mit einer Weidenrute
and he struck the dog with a rod of willow
und der Hund ging winselnd fort
and the dog went away whining

**Um Mitternacht kamen die Hexen durch die Luft
geflogen**
At midnight the witches came flying through the air
Sie waren wie Fledermäuse
they were like bats
"Puh!", riefen sie, als sie auf dem Boden landeten
"Phew!" they cried, as they landed on the ground
"Hier ist jemand, den wir nicht kennen!"
"there is someone here that we don't know!"
und sie schnüffelten herum
and they sniffed about
und sie schwatzten miteinander

and they chattered to each other
und sie machten einander Zeichen
and they made signs to each other
Zuletzt kam die junge Hexe
Last of all came the young Witch
Ihr rotes Haar wehte im Wind
her red hair was streaming in the wind
Sie trug ein Kleid aus goldenem Gewebe
She wore a dress of gold tissue
und ihr Kleid war mit Pfauenaugen bestickt
and her dress was embroidered with peacocks' eyes
und eine kleine Mütze von grünem Samt war auf dem Kopf
and a little cap of green velvet was on her head
"Wer ist er?", kreischten die Hexen, als sie sie sahen
"Who is he?" shrieked the witches when they saw her
aber sie lachte nur
but she only laughed
und sie lief zur Hainbuche
and she ran to the hornbeam
und sie nahm den Fischer bei der Hand
and she took the Fisherman by the hand
Sie führte ihn hinaus in den Mondschein
she led him out into the moonlight
und sie fingen an zu tanzen
and they began to dance
Im Kreis wirbelten sie herum
Round and round they whirled
Sie sprang so hoch, dass er die scharlachroten Absätze ihrer Schuhe sehen konnte
she jumped so high he could see the scarlet heels of her shoes
Dann ertönte das Geräusch des Galopps eines Pferdes

Then came the sound of the galloping of a horse
aber kein Pferd war zu sehen
but no horse was to be seen
und er fürchtete sich
and he felt afraid
"Schneller", rief die Hexe
"Faster" cried the Witch
und sie schlang ihre Arme um seinen Hals
and she threw her arms about his neck
und ihr Atem war heiß auf seinem Antlitz
and her breath was hot upon his face
»Schneller, schneller!« rief sie
"Faster, faster!" she cried
und die Erde schien sich unter seinen Füßen zu drehen
and the earth seemed to spin beneath his feet
und seine Gedanken wurden beunruhigt
and his thoughts grew troubled
und ein großer Schrecken überfiel ihn
and a great terror fell on him
Er spürte, dass ihn etwas Böses beobachtete
he felt some evil thing was watching him
und endlich wurde ihm etwas gewahr
and at last he became aware of something
Im Schatten eines Felsens stand eine Gestalt
under the shadow of a rock there was a figure
eine Figur, die er noch nie dort gehabt hatte
a figure that he had not been there before
Es war ein Mann in einem schwarzen Samtanzug
It was a man dressed in a black velvet suit
es wurde nach spanischer Art gestylt
it was styled in the Spanish fashion
Sein Gesicht war seltsam blass
His face was strangely pale

aber seine Lippen waren wie eine stolze rote Blume
but his lips were like a proud red flower
Er schien müde von dem, was er sah
He seemed weary of what he was seeing
und er lehnte sich lustlos zurück
and he was leaning back toying in a listless manner
Er spielte mit dem Knauf seines Dolches
he was toying with the pommel of his dagger
Auf dem Gras neben ihm lag ein Federhut
On the grass beside him lay a plumed hat
und ein Paar Reithandschuhe mit vergoldeter Spitze
and a pair of riding gloves with gilt lace
Sie wurden mit Samenperlen genäht
they were sewn with seed-pearls
Ein kurzer, mit Zobeln gefütterter Mantel hing ihm von der Schulter
A short cloak lined with sables hung from his shoulder
und seine zarten weißen Hände waren mit Ringen besetzt
and his delicate white hands were gemmed with rings
Schwere Augenlider hingen über seine Augen
Heavy eyelids drooped over his eyes
Der junge Fischer beobachtete ihn
The young Fisherman watched him
So wie wenn man in einem Zauber gefangen ist
just like when one is snared in a spell
Endlich trafen sich ihre Blicke
At last their eyes met
Wo immer er tanzte, schienen die Augen auf ihn gerichtet zu sein
wherever he danced the eyes seemed to be on him
Er hörte die Hexe lachen
He heard the Witch laugh

und er packte sie an der Hüfte
and he caught her by the waist
und er wirbelte sie wie verrückt hin und her
and he whirled her madly round and round
Plötzlich bellte ein Hund im Wald
Suddenly a dog barked in the woods
und die Tänzer blieben stehen
and the dancers stopped
Sie knieten nieder und küssten die Hände des Mannes
they knelt down and kissed the man's hands
Dabei huschte ein kleines Lächeln über seine stolzen Lippen
As they did so a little smile touched his proud lips
wie wenn der Flügel eines Vogels das Wasser berührt
like when a bird's wing touches the water
und es bringt das Wasser zum Lachen
and it makes the water laugh
Aber in seinem Lächeln lag Verachtung
But there was disdain in his smile
Er sah den jungen Fischer immer wieder an
He kept looking at the young Fisherman
"Komm! laß uns anbeten!« flüsterte die Hexe
"Come! let us worship" whispered the Witch
und sie führte ihn zu dem Mann hinauf
and she led him up to the man
und ein großes Verlangen, ihr zu folgen, ergriff ihn
and a great desire to follow her seized him
und er folgte ihr
and he followed her
Aber als er sich näherte, bekreuzigte er sich
But when he came close he made the sign of the Cross
Er tat dies, ohne zu wissen, warum er es tat
he did this without knowing why he did it

und er rief den heiligen Namen an
and he called upon the holy name
Sobald er das getan hatte, schrien die Hexen wie Falken
As soon as he did this the witches screamed like hawks
und alle Hexen flogen davon
and all the witches flew away
Die Gestalt unter dem Schatten zuckte vor Schmerz
the figure under the shadow twitched with pain
Der Mann ging zu einem Wäldchen und pfiff
The man went over to a little wood and he whistled
Ein Jennet mit silbernem Drumherum kam ihm entgegengerannt
A jennet with silver trappings came running to meet him
Als er sich auf den Sattel schwang, drehte er sich um
As he leapt upon the saddle he turned round
und er sah den jungen Fischer traurig an
and he looked at the young Fisherman sadly
Und die Hexe mit den roten Haaren versuchte auch wegzufliegen
And the Witch with the red hair also tried to fly away
aber der Fischer faßte sie an den Handgelenken
but the Fisherman caught her by her wrists
und er hielt sie fest
and he held her tightly
»Laß mich los!« rief sie
"Let me loose!" she cried
"Lass mich los!"
"Let me go!"
"Du hast benannt, was nicht genannt werden sollte"
"thou hast named what should not be named"
"Und du hast das Zeichen gezeigt, das nicht angeschaut werden darf"

"and thou hast shown the sign that may not be looked
at"
**"Aber ich werde dich nicht gehen lassen, bis du mir
das Geheimnis verraten hast"**
"but I will not let thee go till thou hast told me the secret"
"Was für ein Geheimnis?" fragte die Hexe
"What secret?" said the Witch
und sie rang mit ihm wie eine Wildkatze
and she wrestled with him like a wild cat
und sie biss sich auf die schaumigen Lippen
and she bit her foam-flecked lips
"Du kennst das Geheimnis"
"You know the secret"
"Ihre grasgrünen Augen wurden trüb von Tränen"
"Her grass-green eyes grew dim with tears"
**und sie sprach zu dem Fischer: "Frag mich alles andere
als das!"**
and she said to the Fisherman "Ask me anything but
that!"
Er lachte und hielt sie um so fester fest
He laughed, and held her all the more tightly
Sie sah, dass sie sich nicht befreien konnte
She saw that she could not free herself
Als sie das merkte, flüsterte sie ihm zu
when she realized this she whispered to him
**"Wahrlich, ich bin so schön wie die Töchter des
Meeres"**
"Surely I am as fair as the daughters of the sea"
**"Und ich bin so anmutig wie die, die in den blauen
Wassern wohnen"**
"and I am as comely as those that dwell in the blue
waters"
und sie schmeichelte ihm und drückte ihr Gesicht

dicht an das seine

and she fawned on him and put her face close to his

Aber er stieß sie zurück und antwortete ihr

But he thrust her back and replied to her

"Wenn du dein Versprechen nicht hältst, werde ich dich töten"

"If thou don't keep your promise I will slay thee"

"Ich werde dich für eine falsche Hexe töten"

"I will slay thee for a false witch"

Sie wurde grau wie eine Blüte des Judasbaumes und schauderte

She grew grey as a blossom of the Judas tree and shuddered

"Wenn du es so willst", murmelte sie

"if that is how you want it to be" she muttered

"Es ist deine Seele und nicht meine"

"It is thy soul and not mine"

"Mach damit, was du willst"

"Do with it as thou wish"

Und sie zog aus ihrem Gürtel ein kleines Messer

And she took from her girdle a little knife

Das Messer hatte einen Griff aus grüner Vipernhaut

the knife had a handle of green viper's skin

und sie gab ihm dieses Messer

and she gave him this knife

"Was soll ich damit anfangen?", fragte er sie verwundert

"What shall I do with this?" he asked of her wondering

Sie schwieg einige Augenblicke

She was silent for a few moments

Ein Ausdruck des Schreckens huschte über ihr Gesicht

a look of terror came over her face

Dann strich sie sich das Haar aus der Stirn

Then she brushed her hair back from her forehead
und mit einem seltsamen Lächeln sprach sie zu ihm
and smiling strangely she spoke to him
"Was die Menschen den Schatten des Körpers nennen,
ist nicht der Schatten des Körpers"
"What men call the shadow of the body is not the
shadow of the body"
"Es ist der Körper der Seele"
"it is the body of the soul"
"Steh mit dem Rücken zum Mond am Meeresufer"
"Stand on the sea-shore with thy back to the moon"
"Schneide deinen Schatten von deinen Füßen weg"
"cut away from around thy feet thy shadow"
"Der Schatten, der der Leib deiner Seele ist"
"the shadow which is thy soul's body"
"Und befiehl deiner Seele, dich zu verlassen"
"and bid thy soul to leave thee"
"Und deine Seele wird dich verlassen"
"and thy soul will leave thee"
Der junge Fischer zitterte
The young Fisherman trembled
»Ist das wahr?« murmelte er
"Is this true?" he murmured
"Es ist wahr", antwortete sie
"It is true" she answered
"Und ich wünschte, ich hätte es dir nicht gesagt"
"and I wish that I had not told thee of it"
Sie weinte, und sie klammerte sich weinend an seine
Knie
she cried, and she clung to his knees weeping
Er zog sie von sich weg
he moved her away from him
und er ließ sie im hohen Grase zurück

and he left her in the tall grass
Er steckte das Messer in seinen Gürtel
he placed the knife in his belt
und er ging an den Rand des Berges
and he went to the edge of the mountain
Dort begann er hinunterzuklettern
there he began to climb down

Die Seele / The Soul

Seine Seele rief nach ihm
His Soul called out to him
"Ich habe all die Jahre bei dir gewohnt"
"I have dwelt with thee for all these years"
"Und ich bin dein Knecht gewesen"
"and I have been thy servant"
"Schick mich nicht von dir weg"
"Don't send me away from thee"
"Was habe ich dir Böses getan?"
"what evil have I done thee?"
Und der junge Fischer lachte
And the young Fisherman laughed
"Du hast mir nichts Böses getan"
"Thou has done me no evil"
"Aber ich brauche dich nicht"
"but I have no need of thee"
"Die Welt ist weit"
"The world is wide"
"Es gibt Himmel und Hölle und eine schwache Dämmerung zwischen ihnen"
"there is Heaven and Hell and a dim twilight between them"
"Geh, wohin du willst, aber beunruhige mich nicht"
"Go wherever thou wilt, but trouble me not"
"Weil meine Liebe nach mir ruft"
"because my love is calling to me"
Seine Seele flehte ihn jämmerlich an
His Soul besought him piteously
aber er beachtete es nicht
but he heeded it not
Stattdessen sprang er von Fels zu Fels

instead he leapt from crag to crag
trittsicher wie eine wilde Ziege
sure-footed as a wild goat
und endlich erreichte er den ebenen Boden
and at last he reached the level ground
und er erreichte das gelbe Ufer des Meeres
and he reached the yellow shore of the sea
Er stand mit dem Rücken zum Mond auf dem Sand
He stood on the sand with his back to the moon
und aus dem Schaum kamen weiße Arme
and out of the foam came white arms
Die Arme winkten ihm zu kommen
the arms beckoned him to come
Vor ihm lag sein Schatten
Before him lay his shadow
der Schatten, der der Leib seiner Seele war
the shadow which was the body of his soul
und hinter ihm hing der Mond
and behind him hung the moon
Der Mond hing in der honigfarbenen Luft
the moon hung in the honey-coloured air
Und seine Seele sprach wieder zu ihm
And his Soul spoke to him again
"Wenn du mich wirklich von dir vertreiben musst, so sende mich nicht ohne Herz aus"
"If indeed thou must drive me from thee, send me not forth without a heart"
"Die Welt ist grausam"
"The world is cruel"
"Gib mir dein Herz, damit ich es mitnehme"
"give me thy heart to take with me"
Er schüttelte den Kopf und lächelte
He tossed his head and smiled

"Womit sollte ich meine Liebe lieben, wenn ich dir
mein Herz gäbe?"
"With what should I love my love if I gave thee my
heart?"
"Nein, sondern sei barmherzig!" sagte seine Seele
"Nay, but be merciful" said his Soul
"Gib mir dein Herz, denn die Welt ist sehr grausam"
"give me thy heart, for the world is very cruel"
"Und ich fürchte mich"
"and I am afraid"
"Mein Herz gehört meiner Liebe", antwortete er
"My heart belongs my love" he answered
»Soll ich nicht auch lieben?« fragte seine Seele
"Should I not love also?" asked his Soul
"Geh weg, denn ich brauche dich nicht!" befahl der
junge Fischer
"Get thee gone, for I have no need of thee" commanded
the young Fisherman
und er nahm das kleine Messer
and he took the little knife
Das Messer mit seinem Griff aus grüner Natternhaut
the knife with its handle of green viper's skin
und er schnitt seinen Schatten von seinen Füßen weg
and he cut away his shadow from around his feet
und sein Schatten erhob sich und stand vor ihm
and his shadow rose up and stood before him
Sein Schatten war genau so, wie er war
his shadow was just like he was
und sein Schatten sah ihn an
and his shadow looked at him
Er kroch zurück und steckte sein Messer in den Gürtel
He crept back and put his knife into his belt
Ein Gefühl der Ehrfurcht überkam ihn

A feeling of awe came over him

»Geh fort«, murmelte er

"Get thee gone" he murmured

"Lass mich dein Angesicht nicht mehr sehen"

"let me see thy face no more"

"Nein, wir müssen uns wiedersehen", sagte die Seele

"Nay, but we must meet again" said the Soul

Die Stimme seiner Seele war leise und wie eine Flöte

His soul's voice was low and like a flute

und seine Lippen bewegten sich kaum, während er sprach

and its lips hardly moved while it spoke

»Wie sollen wir uns treffen?« fragte der junge Fischer

"How shall we meet?" asked the young Fisherman

»Du willst mir nicht in die Tiefen des Meeres folgen?«

"Thou wilt not follow me into the depths of the sea?"

"Einmal im Jahr werde ich an diesen Ort kommen"

"Once every year I will come to this place"

"Und ich will dich rufen", sagte die Seele

"and I will call to thee" said the Soul

"Es kann sein, dass du mich brauchst"

"It may be that thou will have need of me"

"Was soll ich von dir brauchen?" fragte der junge Fischer

"What need should I have of thee?" asked the young Fisherman

"Aber es geschehe, wie du willst"

"but be it as thou wilt"

und er stürzte sich ins Wasser

and he plunged into the water

und die Tritonen bliesen in ihre Hörner

and the Tritons blew their horns

und die kleine Meerjungfrau erhob sich, um ihm

entgegen zu kommen

and the little Mermaid rose up to meet him

und sie legte ihre Arme um seinen Hals

and she put her arms around his neck

und sie küßte ihn auf den Mund

and she kissed him on the mouth

Seine Seele stand am einsamen Strand

His soul stood on the lonely beach

und seine Seele beobachtete sie

and his soul watched them

Als sie im Meer versunken waren, ging seine Seele weinend über die Sümpfe

When they had sunk down into the sea his soul went weeping away over the marshes

Nach dem ersten Jahr
After the First Year

Nachdem ein Jahr um war, kehrte die Seele an das Ufer des Meeres zurück

After a year was over the Soul came back to the shore of the sea

und er rief dem jungen Fischer zu

and it called to the young Fisherman

und der junge Fischer erhob sich aus dem Meer

and the young fisherman rose out of the sea

und er sprach: Warum rufst du mich?

and he said "Why dost thou call me?"

Und die Seele antwortete: "Komm näher!"

And the Soul answered "Come nearer"

"Komm näher, damit ich mit dir reden kann"

"come nearer, so that I may speak with thee"

"Ich habe Wunderbares gesehen"

"I have seen marvellous things"

So kam er näher

So he came nearer

und er legte sich in das seichte Wasser

and he couched in the shallow water

und er stützte sein Haupt auf seine Hand

and he leaned his head upon his hand

und er hörte auf seine Seele

and he listened to his soul

Und die Seele sprach zu ihm

And the Soul spoke to him

Als ich dich verließ, wandte ich mich nach Osten

When I left thee I turned East

Aus dem Osten kommt alles, was weise ist

From the East cometh everything that is wise

Sechs Tage lang reiste ich

For six days I journeyed

am Morgen des siebenten Tages kam ich auf einen Hügel

on the morning of the seventh day I came to a hill

ein Hügel, der im Land der Tataren liegt

a hill that is in the country of the Tartars

Ich setzte mich in den Schatten eines Tamariskenbaums

I sat down under the shade of a tamarisk tree

um mich vor der Sonne zu schützen

in order to shelter myself from the sun

Das Land war trocken und von der Hitze verbrannt

The land was dry and had burnt up from the heat

Das Volk ging in der Ebene hin und her

The people went to and fro over the plain

Sie waren wie Fliegen, die auf einer Scheibe aus poliertem Kupfer krabbelten

they were like flies crawling upon a disk of polished copper

Als es Mittag war, stieg eine Wolke aus rotem Staub auf

When it was noon a cloud of red dust rose

Als die Tataren es sahen, spannten sie ihre Bogen

When the Tartars saw it they strung their bows

und sie sprangen auf ihre kleinen Pferde

and they leapt upon their little horses

und sie galoppierten der Wolke aus rotem Staub entgegen

and they galloped to meet the cloud of red dust

Die Frauen flüchteten schreiend zu den Waggons

The women fled screaming to the wagons

und sie versteckten sich hinter den Filzvorhängen
and they hid themselves behind the felt curtains
In der Dämmerung kehrten die Tataren zurück
At twilight the Tartars returned
Fünf von ihnen wurden vermisst
five of them were missing
Viele von ihnen waren verwundet worden
many of them had been wounded
Sie spannten ihre Pferde vor die Wagen
They harnessed their horses to the wagons
und sie fuhren eilig fort
and they drove away hastily
Drei Schakale kamen aus einer Höhle und spähten ihnen nach
Three jackals came out of a cave and peered after them
Dann schnüffelten sie mit ihren Nüstern die Luft ein
Then they sniffed up the air with their nostrils
und sie trabten in die entgegengesetzte Richtung davon
and they trotted off in the opposite direction
Als der Mond aufging, sah ich ein Lagerfeuer
When the moon rose I saw a camp-fire
und ich ging zum Feuer
and I went towards the fire
Eine Gesellschaft von Kaufleuten saß um das Feuer herum
A company of merchants were seated round the fire
Sie lagen auf ihren Teppichen
they were on their carpets
Ihre Kamele waren hinter ihnen aufgestellt
Their camels were picketed behind them
und ihre Knechte schlugen Zelte im Sand auf
and their servants were pitching tents in the sand

Als ich mich ihnen näherte, erhob sich der Häuptling
As I came near them the chief rose up
Er zog sein Schwert und fragte mich nach meinen Absichten
he drew his sword and asked me my intentions
Ich antwortete, dass ich ein Fürst in meinem eigenen Land sei
I answered that I was a Prince in my own land
und ich sagte, ich sei den Tataren entkommen
and I said I had escaped from the Tartars
Sie hatten versucht, mich zu ihrem Sklaven zu machen
they had sought to make me their slave
Der Häuptling lächelte und zeigte mir fünf Köpfe
The chief smiled and he showed me five heads
Die Köpfe waren auf langen Bambusrohren befestigt
the heads were fixed upon long reeds of bamboo
Dann fragte er mich, wer der Prophet Gottes sei
Then he asked me who was the prophet of God
und ich antwortete ihm: "Mohammed"
and I answered him "Mohammed"
Er verbeugte sich und nahm mich bei der Hand
He bowed and took me by the hand
und er stellte mich an seine Seite
and he placed me by his side
Ein Diener brachte mir Stutenmilch in einer hölzernen Schale
A servant brought me some mare's milk in a wooden-dish
und er brachte ein Stück Lammfleisch
and he brought a piece of lamb's flesh
Bei Tagesanbruch machten wir uns auf den Weg
At daybreak we started on our journey
Ich ritt auf einem rothaarigen Kamel

I rode on a red-haired camel
Ich ritt an der Seite des Häuptlings
I rode by the side of the chief
und ein Läufer lief mit einem Speer vor uns her
and a runner ran before us carrying a spear
Die Kriegsmänner waren auf beiden Seiten
The men of war were on both sides
und die Maultiere folgten mit der Ware
and the mules followed with the merchandise
In der Karawane befanden sich vierzig Kamele
There were forty camels in the caravan
und die Maultiere waren zweimal vierzig an der Zahl
and the mules were twice forty in number

Wir zogen aus dem Land der Tataren in das Land der Greifen
We went from the land of Tartars to the land of Gryphons
Die Greifen verfluchen den Mond
The Gryphons curse the Moon
Wir sahen die Greifen auf den weißen Felsen
We saw the Gryphons on the white rocks
Sie bewachten ihren Goldschatz
they were guarding their gold treasure
Und wir sahen die geschuppten Drachen in ihren Höhlen schlafen
And we saw the scaled Dragons sleeping in their caves
Als wir die Berge überquerten, hielten wir den Atem an
As we passed over the mountains we held our breath
damit der Schnee nicht auf uns fällt
so that the snow would not fall on us
und ein jeder band sich einen Schleier vor die Augen

and each man tied a veil before his eyes
**Als wir durch die Täler fuhren, schossen die Pygmäen
Pfeile auf uns**
As we passed through the valleys the Pygmies shot
arrows at us
sie schossen aus den Höhlen der Bäume
they shot from the hollows of the trees
**Nachts hörten wir die wilden Männer ihre Trommeln
schlagen**
at night we heard the wild men beat their drums
**Als wir zum Turm der Affen kamen, setzten wir ihnen
Früchte vor**
When we came to the Tower of Apes we set fruits before
them
und sie haben uns nichts zuleide getan
and they did not harm us
**Als wir zum Turm der Schlangen kamen, gaben wir
ihnen Schalen aus Messing**
When we came to the Tower of Serpents we gave them
bowls of brass
und in diesen Schalen aus Messing war warme Milch
and in these bowls of brass was warm milk
und sie ließen uns vorübergehen
and they let us go past
**Dreimal kamen wir auf unserer Reise an die Ufer des
Oxus**
Three times in our journey we came to the banks of the
Oxus
Wir überquerten ihn auf Flößen aus Holz
We crossed it on rafts of wood
Die Flußpferde wüteten gegen uns
The river-horses raged against us
und sie versuchten, uns zu töten

and they tried to slay us
Als die Kamele sie sahen, zitterten sie
When the camels saw them they trembled
Die Könige jeder Stadt erhoben Zölle von uns
The kings of each city levied tolls on us
aber sie erlaubten uns nicht, ihre Tore zu betreten
but they would not allow us to enter their gates
Sie warfen uns Brot über die Mauern
They threw us bread over the walls
und kleine Maisküchlein in Honig gebacken
and little maize-cakes baked in honey
und Kuchen aus feinem Mehl, gefüllt mit Datteln
and cakes of fine flour filled with dates
Für jeweils hundert Körbe gaben wir ihnen eine Perle Bernstein
For every hundred baskets we gave them a bead of amber
Als die Dorfbewohner uns kommen sahen, vergifteten sie die Brunnen
When villagers saw us coming they poisoned the wells
und sie flohen auf die Gipfel der Berge
and they fled to the hill-summits
Wir kämpften mit den Magadae
We fought with the Magadae
Sie werden alt geboren und werden jedes Jahr jünger
They are born old and grow younger every year
sie sterben, wenn sie kleine Kinder sind
they die when they are little children
und wir kämpften mit den Laktroi
and we fought with the Laktroi
Sie sagen, dass sie die Söhne von Tigern sind
they say that they are the sons of tigers
und sie malen sich gelb und schwarz

and they paint themselves yellow and black
Und wir haben mit den Auranten gekämpft
And we fought with the Aurantes
Sie begraben ihre Toten in den Wipfeln der Bäume
they bury their dead on the tops of trees
die Sonne, die ihr Gott ist, würde sie töten
the Sun who is their god would slay them
So leben sie in dunklen Höhlen
so they live in dark caverns
Und wir kämpften mit den Krimnern
And we fought with the Krimnians
sie verehren ein Krokodil
they worship a crocodile
und sie geben den Krokodilohrringen aus grünem Glas
and they give the crocodile earrings of green glass
und sie füttern das Krokodil mit Butter und frischem Geflügel
and they feed the crocodile with butter and fresh fowls
Und wir kämpften mit den Agazonbae, die hundegesichtig sind
And we fought with the Agazonbae who are dog-faced
und wir kämpften mit den Sibanern, die Pferdefüße haben
and we fought with the Sibans who have horses' feet
und sie laufen schneller als Pferde
and they run swifter than horses

Ein Drittel unserer Armee starb in der Schlacht
A third of our army died in battle
und ein Drittel unserer Armee starb aus Mangel an Nahrung
and a third of our army died from want of food

Der Rest unserer Armee murrte gegen mich
The rest of our army murmured against me
Sie sagten, ich hätte ihnen ein böses Schicksal gebracht
they said that I had brought them an evil fortune
**Ich nahm eine Kreuzotter unter einem Stein hervor
und ließ mich von ihr beißen**
I took an adder from beneath a stone and let it bite me
**Als sie sahen, dass ich nicht krank wurde, fürchteten
sie sich**
When they saw I did not sicken they grew afraid
Im vierten Monat erreichten wir die Stadt Illel
In the fourth month we reached the city of Illel
Es war Nacht, als wir kamen
It was night time when we came
Wir erreichten den Hain außerhalb der Stadtmauern
we arrived at the grove outside the city walls
**die Luft war schwül, weil der Mond im Skorpion
unterwegs war**
the air was sultry because the Moon was travelling in
Scorpion
**Wir haben die reifen Granatäpfel von den Bäumen
genommen**
We took the ripe pomegranates from the trees
und wir brachen sie und tranken ihren süßen Saft
and we broke them and drank their sweet juices
Dann legten wir uns auf unsere Teppiche
Then we laid down on our carpets
und wir warteten auf die Morgendämmerung
and we waited for the dawn
**Im Morgengrauen standen wir auf und klopften an das
Tor der Stadt**
At dawn we rose and knocked at the gate of the city
Das Tor wurde aus roter Bronze geschmiedet

the gate was wrought out of red bronze
und es hatte Schnitzereien von Seedrachen
and it had carvings of sea-dragons
Die Wachen schauten von den Zinnen herab
The guards looked down from the battlements
und sie fragten uns, was unsere Absichten seien
and they asked us what our intentions were
Der Dolmetscher der Karawane antwortete
The interpreter of the caravan answered
Wir sagten, wir kämen aus Syrien
we said we had come from the land of Syria
und wir sagten ihm, dass wir viele Waren hätten
and we told him we had many merchandise
Sie nahmen einige von uns als Geiseln
They took some of us as hostages
und sie sagten uns, dass sie das Tor am Mittag öffnen würden
and they told us they would open the gate at noon
und als es Mittag war, öffneten sie das Tor
and When it was noon they opened the gate
Als wir eintraten, kamen die Leute aus den Häusern
as we entered in the people came out of the houses
Sie kamen, um uns anzusehen
they came in order to look at us
und ein Stadtschreier ging durch die Stadt
and a town crier went round the city
und er verkündete unsere Ankunft durch eine Muschel
and he made announcements of our arrival through a shell
Wir standen auf dem Marktplatz
We stood in the market-place
und die Knechte lösten die Leinenballen
and the servants uncorded the bales of cloths

Sie öffneten die geschnitzten Kisten aus Platanen
they opened the carved chests of sycamore
Dann legten die Kaufleute ihre seltsamen Waren aus
Then merchants set forth their strange wares
**gewachstes Leinen aus Ägypten, bemaltes Leinen aus
Äthiop**
waxed linen from Egypt, painted linen from the Ethiops
lila Schwämme aus Tyrus, Becher mit kaltem Bernstein
purple sponges from Tyre, cups of cold amber
**feine Gefäße aus Glas und merkwürdige Gefäße aus
gebranntem Ton**
fine vessels of glass, and curious vessels of burnt clay
**Vom Dach eines Hauses aus beobachtete uns eine
Gruppe von Frauen**
From the roof of a house a company of women watched
us
**Einer von ihnen trug eine Maske aus vergoldetem
Leder**
One of them wore a mask of gilded leather

Am ersten Tag kamen die Priester
on the first day the priests came
sie tauschten mit uns
they bartered with us
Am zweiten Tag kamen die Edlen
On the second day the nobles came
und am dritten Tage kamen die Handwerker
and on the third day the craftsmen came
und sie brachten ihre Sklaven
and they brought their slaves
Das ist ihre Sitte mit allen Kaufleuten
this is their custom with all merchants
Wir warteten auf den Mond

we waited for the moon
und als der Mond unterging, wanderte ich fort
and when the moon was waning I wandered away
Ich streifte durch die Straßen der Stadt
I wondered through the streets of the city
und ich kam in den Garten des Gottes der Stadt
and I came to the garden of the city's God
Die Priester in ihren gelben Gewändern bewegten sich schweigend
The priests in their yellow robes moved silently
Sie bewegten sich durch die grünen Bäume
they moved through the green trees
Es gab ein Pflaster aus schwarzem Marmor
There was a pavement of black marble
und auf diesem Pflaster stand ein rosenrotes Haus
and on this pavement stood a rose-red house
das war das Haus, in dem Gott wohnte
this was the house in which the God was dwelling
Die Türen waren aus pulverisiertem Lack
its doors were of powdered lacquer
und Stiere und Pfauen wurden an die Türen geschmiedet
and bulls and peacocks were wrought on the doors
und sie wurden mit Gold poliert
and they were polished with gold
Das Ziegeldach war aus meergrünem Porzellan
The tiled roof was of sea-green porcelain
und die vorspringenden Dachvorsprünge waren mit Glöckchen geschmückt
and the jutting eaves were festooned with little bells
Wenn die weißen Tauben vorbeiflogen, schlugen sie die Glocken
When the white doves flew past they struck the bells

sie schlugen mit ihren Flügeln auf die Glocken

they struck the bells with their wings

und sie ließen die Glocken läuten

and they made the bells tinkle

Vor dem Tempel befand sich ein Teich mit klarem Wasser

In front of the temple was a pool of clear water

Der Pool war mit geädertem Onyx gepflastert

the pool was paved with veined onyx

Ich legte mich daneben

I laid down beside it

und mit meinen bleichen Fingern berührte ich die breiten Blätter

and with my pale fingers I touched the broad leaves

Einer der Priester kam auf mich zu

One of the priests came towards me

und er stand hinter mir

and he stood behind me

Er hatte Sandalen an den Füßen

He had sandals on his feet

eine Sandale war aus weichem Schlangenleder

one sandal was of soft serpent-skin

und die andere Sandale war aus Vogelgefieder

and the other sandal was of birds' plumage

Auf seinem Kopf trug er eine Mitra aus schwarzem Filz

On his head was a mitre of black felt

und es war mit silbernen Halbmonden geschmückt

and it was decorated with silver crescents

Sieben Arten von Gelb waren in sein Gewand eingewebt

Seven kinds of yellow were woven into his robe

und sein krauses Haar war mit Antimon befleckt

and his frizzed hair was stained with antimony

Nach einer kleinen Weile sprach er zu mir
After a little while he spoke to me
Er fragte mich nach meinem Wunsch
he asked me my desire
Ich sagte ihm, dass es mein Wunsch sei, ihren Gott zu sehen
I told him that my desire was to see their god
»Der Gott jagt«, sagte der Priester
"The god is hunting" said the priest
Er sah mich seltsam mit seinen kleinen Augen an
He looked strangely at me with his small eyes
"Sag mir, in welchem Wald, und ich werde mit ihm reiten", antwortete ich
"Tell me in what forest and I will ride with him" I answered
Er kämmte mit seinen langen, spitzen Nägeln die weichen Fransen seiner Tunika aus
He combed out the soft fringes of his tunic with his long pointed nails
»Der Gott schläft«, murmelte er
"The god is asleep" he murmured
"Sag mir, auf welchem Sofa, und ich werde über ihn wachen", antwortete ich
"Tell me on what couch, and I will watch over him" I answered
"Der Gott ist beim Fest", rief er
"The god is at the feast" he cried
"Wenn der Wein süß ist, werde ich ihn mit ihm trinken"
"If the wine be sweet, I will drink it with him"
"Und wenn der Wein bitter ist, so will ich ihn auch mit

ihm trinken."
"and if the wine be bitter, I will drink it with him also"
Er senkte verwundert den Kopf
He bowed his head in wonder
Dann nahm er mich bei der Hand und richtete mich auf
then he took me by the hand and raised me up
und er führte mich in den Tempel
and he led me into the temple

In der ersten Kammer sah ich einen Götzen
In the first chamber I saw an idol
Dieses Götzenbild saß auf einem Thron aus Jaspis
This idol was seated on a throne of jasper
und es war mit großen orientalischen Perlen eingefasst
and it was bordered with great orient pearls
Es wurde aus Ebenholz geschnitzt
It was carved out of ebony
und es hatte die Statur eines Mannes
and it had the stature of a man
Auf seiner Stirn befand sich ein Rubin
On its forehead was a ruby
und dickes Öl tropfte von seinem Haar
and thick oil dripped from its hair
Das Öl tropfte auf seine Oberschenkel
the oil dripped onto its thighs
Seine Füße waren rot
Its feet were red
rot vom Blut eines frisch geschlachteten Lammes
red with the blood of a newly-slain lamb
und seine Lenden mit einem kupfernen Gürtel umgürtet
and its loins girt with a copper belt

Kupfer, das mit sieben Beryllen besetzt war
copper that was studded with seven beryls
Und ich sagte zu dem Priester: "Ist das der Gott?"
And I said to the priest "Is this the god?"
Und er antwortete mir: Das ist der Gott.
And he answered me "This is the god"
»Zeig mir den Gott,« rief ich, »oder ich werde dich gewiß töten.«
"Show me the god," I cried, "or I will surely slay thee"
Ich berührte seine Hand und sie verdorrte
I touched his hand and it became withered
Der Priester flehte mich um Gnade an
the priest begged me for mercy
"Mein Herr soll seinen Knecht heilen, und ich werde ihm den Gott zeigen"
"Let my lord heal his servant and I will show him the god"
So hauchte ich mit meinem Atem auf seine Hand
So I breathed with my breath upon his hand
Seine Hand wurde wieder ganz und er zitterte vor Angst
his hand became whole again, and he trembled with fear
Dann führte er mich in das zweite Gemach
Then he led me into the second chamber
in diesem Gemach sah ich einen Götzen
in this chamber I saw an idol
Das Idol stand auf einem Lotus aus Jade
The idol was standing on a lotus of jade
Der Lotus hing mit großen Smaragden
the lotus hung with great emeralds
Es wurde aus Elfenbein geschnitzt
It was carved out of ivory
Seine Statur war doppelt so groß wie die eines Mannes

its stature was twice the stature of a man
Auf seiner Stirn befand sich ein Chrysolith
On its forehead was a chrysolite
und seine Brüste waren mit Myrrhe und Zimt beschmiert
and its breasts were smeared with myrrh and cinnamon
In der einen Hand hielt er ein schiefes Zepter aus Jade
In one hand it held a crooked sceptre of jade
und in der anderen Hand hielt er einen runden Kristall
and in the other hand it held a round crystal
Er trug Buskins aus Messing
It wore buskins of brass
und sein dicker Hals war mit Seleniten umringt
and its thick neck was circled with selenites
Und ich fragte den Priester: "Ist das der Gott?"
And I asked the priest "Is this the god?"
Und er antwortete mir: Das ist der Gott.
And he answered me "This is the god"
»Zeig mir den Gott,« rief ich, »oder ich werde dich gewiß töten.«
"Show me the god," I cried, "or I will surely slay thee"
Und ich berührte seine Augen, und sie wurden blind
And I touched his eyes and they became blind
Und der Priester bat mich: "Mein Herr soll seinen Knecht heilen."
And the priest begged me "Let my lord heal his servant"
"Heile mich und ich werde ihm den Gott zeigen"
"heal me and I will show him the god"
So hauchte ich mit meinem Atem auf seine Augen
So I breathed with my breath upon his eyes
und der Anblick kehrte in seine Augen zurück
and the sight came back to his eyes
Er zitterte wieder vor Angst

He trembled with fear again
und dann führte er mich in das dritte Gemach
and then he led me into the third chamber

In der dritten Kammer gab es keinen Götzen
There was no idol in the third chamber
Es gab keinerlei Bilder
there were no images of any kind
Alles, was es gab, war ein Spiegel
all there was was a mirror
und der Spiegel war aus rundem Metall
and the mirror was made of round metal
und der Spiegel wurde auf einen steinernen Altar gestellt
and the mirror was set on an altar of stone
Und ich fragte den Priester: "Wo ist der Gott?"
And I said to the priest "Where is the god?"
Und er antwortete mir: "Es gibt keinen Gott außer diesem Spiegel
And he answered me "There is no god but this mirror
denn dies ist der Spiegel der Weisheit
because this is the Mirror of Wisdom
Es spiegelt alles wider, was im Himmel ist
It reflects all things that are in heaven
und es spiegelt alle Dinge wider, die auf der Erde sind
and it reflects all things that are on earth
außer dem Angesicht dessen, der hineinschaut
except for the face of him who looketh into it
Dies spiegelt es nicht wider
This it reflects not
Wer also in den Spiegel schaut, wird weise werden
so he who looketh into the mirror will become wise
Es gibt noch viele andere Spiegel auf der Welt

there are many other mirrors in the world
aber sie sind Spiegel der Meinung
but they are mirrors of opinion
Dies ist der einzige Spiegel, der Weisheit zeigt
This is the only mirror that shows Wisdom
Diejenigen, die diesen Spiegel besitzen, wissen alles
those who possess this mirror know everything
Es gibt nichts, was ihnen verborgen bleibt
There isn't anything that is hidden from them
**Und diejenigen, die den Spiegel nicht besitzen, haben
keine Weisheit**
And those who don't possess the mirror don't have
Wisdom
Deshalb ist dieser Spiegel der Gott
Therefore this mirror is the god
Und deshalb verehren wir diesen Spiegel
and that is why we worship this mirror
Und ich schaute in den Spiegel
And I looked into the mirror
und es war so, wie er es mir gesagt hatte
and it was as he had said to me

Und dann tat ich etwas Seltsames
And then I did a strange thing
aber was ich getan habe, ist nicht wichtig
but what I did matters not
**Es gibt ein Tal, das nur eine Tagesreise von hier
entfernt ist**
There a valley that is but a day's journey from here
**in diesem Tal habe ich den Spiegel der Weisheit
versteckt**
in this valley I have hidden the Mirror of Wisdom
Erlaube mir, wieder in dich einzutreten

Allow me to enter into thee again

Lass mich dein Diener sein, und du wirst weiser sein als alle Weisen

let me be thy servant and thou shalt be wiser than all the wise men

und die Weisheit wird dein sein

and Wisdom shall be thine

Laß mich in dich eingehen, und keiner wird so weise sein wie du

let me enter into thee and none will be as wise as thou

Aber der junge Fischer lachte

But the young Fisherman laughed

"Liebe ist besser als Weisheit"

"Love is better than Wisdom"

"Die kleine Meerjungfrau liebt mich"

"The little Mermaid loves me"

"Aber es gibt nichts Besseres als Weisheit", sagte die Seele

"But there is nothing better than Wisdom" said the Soul

»Liebe ist besser«, antwortete der junge Fischer

"Love is better" answered the young Fisherman

und er stürzte sich in die Tiefsee

and he plunged into the deep sea

und die Seele ging weinend über die Sümpfe

and the Soul went weeping away over the marshes

Nach dem zweiten Jahr
After the Second Year

Nachdem das zweite Jahr vorbei war, kam die Seele zurück
After the second year was over the Soul came back
Es ging hinunter zum Ufer des Meeres
it went down to the shore of the sea
und er rief dem jungen Fischer zu
and it called to the young Fisherman
und er erhob sich aus der Tiefe
and he rose out of the deep
und er sprach: Warum rufst du mich an?
and he said "Why dost thou call to me?"
Und die Seele antwortete: "Komm näher, damit ich mit dir reden kann."
And the Soul answered "Come nearer so that I may speak with thee"
"weil ich Wunderbares gesehen habe"
"because I have seen marvellous things"
So kam er näher
So he came nearer
und er legte sich in das seichte Wasser
and he couched in the shallow water
und stützte den Kopf auf die Hand und lauschte
and leaned his head upon his hand and listened
Und die Seele sprach zu ihm
And the Soul spoke to him

Als ich dich verließ, wandte ich mein Gesicht nach Süden
When I left thee I turned my face to the South
Aus dem Süden kommt alles, was kostbar ist

From the South cometh everything that is precious

Sechs Tage reiste ich auf den Fahrbahnen

Six days I journeyed along the carriage-ways

und die Landstraßen führten in die Stadt Ashter

and the highways led to the city of Ashter

entlang der staubigen, rot gefärbten Fahrbahnen

along the dusty red-dyed carriage-ways

Wege, auf denen die Pilger zu gehen pflegen

ways by which the pilgrims are wont to go

und am Morgen des siebenten Tages hob ich meine Augen auf

and on the morning of the seventh day I lifted up my eyes

Und siehe da! Die Stadt lag mir zu Füßen

and lo! the city lay at my feet

weil die Stadt in einem Tal liegt

because the city is in a valley

Es gibt neun Tore zu dieser Stadt

There are nine gates to this city

und vor jedem Tor steht ein bronzenes Pferd

and in front of each gate stands a bronze horse

die Pferde wiehern, wenn die Beduinen von den Bergen herabkommen

the horses neigh when the Bedouins come down from the mountains

Die Wände sind mit Kupfer verkleidet

The walls are cased with copper

und die Wachtürme an den Wänden sind mit Messing gedeckt

and the watch-towers on the walls are roofed with brass

In jedem Turm steht ein Bogenschütze

In every tower stands an archer

und jeder Bogenschütze hat einen Bogen in der Hand

and each archer has a bow in his hand
Bei Sonnenaufgang schlägt er mit einem Pfeil auf einen Gong
At sunrise he strikes with an arrow on a gong
und bei Sonnenuntergang bläst er durch ein Horn
and at sunset he blows through a horn
Als ich eintreten wollte, hielten mich die Wachen auf
When I sought to enter the guards stopped me
und sie fragten mich, wer ich sei
and they asked of me who I was
Ich antwortete, dass ich ein Derwisch sei
I made answer that I was a Dervish
und ich sagte, ich sei auf dem Weg nach Mekka
and I said I was on my way to the city of Mecca
in Mekka gab es einen grünen Schleier
in Mecca there was a green veil
der Koran war mit silbernen Buchstaben bestickt
the Koran was embroidered with silver letters on it
Es wurde von den Händen der Engel gestickt
it was embroidered by the hands of the angels
Die Wachen waren voller Staunen
the guards were filled with wonder
und sie baten mich, hineinzugehen
and they entreated me to pass in
In der Stadt befand sich ein Basar
Inside the city was a bazaar
Wahrlich, du hättest bei mir sein sollen
Surely thou should'st have been with me
Durch die engen Gassen flattern die fröhlichen Laternen aus Papier
Across the narrow streets the happy lanterns of paper flutter
sie flattern wie große Schmetterlinge

they flutter like large butterflies
Wenn der Wind weht, heben und senken sie sich wie Seifenblasen
When the wind blows they rise and fall like bubbles
Vor ihren Ständen sitzen die Händler
In front of their booths sit the merchants
Sie sitzen auf seidenen Teppichen
they sit on silken carpets
Sie haben glatte schwarze Bärte
They have straight black beards
und ihre Turbane sind mit goldenen Pailletten bedeckt
and their turbans are covered with golden sequins
Sie halten Schnüre aus Bernstein und geschnitzten Pfirsichsteinen
they hold strings of amber and carved peach-stones
und sie gleiten durch ihre kühlen Finger
and they glide them through their cool fingers
Einige von ihnen verkaufen Galbanum und Narde
Some of them sell galbanum and nard
und einige verkaufen Parfüms von den Inseln des Indischen Meeres
and some sell perfumes from the islands of the Indian Sea
und sie verkaufen das dicke Öl von roten Rosen und Myrrhe
and they sell the thick oil of red roses and myrrh
und sie verkaufen kleine nagelförmige Nelken
and they sell little nail-shaped cloves
Wenn man anhält, um mit ihnen zu sprechen, zünden sie Weihrauch an
When one stops to speak to them they light frankincense
sie werfen Prisen davon auf ein Holzkohlebecken
they throw pinches of it upon a charcoal brazier

und es macht die Luft süß
and it makes the air sweet
Ich sah einen Syrer, der einen dünnen Stab in der Hand hielt
I saw a Syrian who held a thin rod
graue Rauchfäden kamen von ihm
grey threads of smoke came from it
und sein Geruch war wie der Geruch der rosa Mandeln
and its odour was like the odour of the pink almonds
Andere verkaufen silberne Armbänder
Others sell silver bracelets
Armbänder, die über und über mit cremeblauen türkisfarbenen Steinen geprägt sind
bracelets embossed all over with creamy blue turquoise stones
und Fußkettchen aus Messingdraht, die mit kleinen Perlen besetzt sind
and anklets of brass wire fringed with little pearls
und Tigerklauen in Gold gefasst
and tigers' claws set in gold
und die Krallen dieser vergoldeten Katze
and the claws of that gilt cat
die Klauen der Leoparden, ebenfalls in Gold gefasst
the the claws of leopards, also set in gold
und Ohrringe aus durchbrochenem Smaragd
and earrings of pierced emerald
und Fingerringe aus ausgehöhlter Jade
and finger-rings of hollowed jade
Aus den Teehäusern drang der Klang der Gitarre
From the tea-houses came the sound of the guitar
und die Opiumraucher waren in den Teehäusern
and the opium-smokers were in the tea-houses
Ihre weißen, lächelnden Gesichter blicken auf die

Passanten
their white smiling faces look out at the passers-by
Du hättest bei mir sein sollen
thou should'st have been with me
Die Weinverkäufer bahnen sich ihren Weg durch die Menge
The wine-sellers elbow their way through the crowd
mit großen schwarzen Fellen auf den Schultern
with great black skins on their shoulders
Die meisten von ihnen verkaufen den Wein von Schiraz
Most of them sell the wine of Schiraz
Wein, der so süß ist wie Honig
wine which is as sweet as honey
Sie servieren es in kleinen Metallbechern
They serve it in little metal cups
Auf dem Marktplatz stehen die Obstverkäufer
In the market-place stand the fruit sellers
Sie verkaufen alle Arten von Obst
they sell all kinds of fruit
reife Feigen mit ihrem gequetschten violetten Fruchtfleisch
ripe figs, with their bruised purple flesh
Melonen, duftend nach Moschus und gelb wie Topase
melons, smelling of musk and yellow as topazes
Zitronatzitronen und Rosenäpfel und Trauben von weißen Trauben
citrons and rose-apples and clusters of white grapes
runde rotgoldene Orangen und ovale Zitronen aus grünem Gold
round red-gold oranges and oval lemons of green gold
Einmal sah ich einen Elefanten vorbeiziehen
Once I saw an elephant go by

Sein Stamm war mit Zinnoberrot und Kurkuma bemalt
Its trunk was painted with vermilion and turmeric
**und über den Ohren hatte er ein Netz aus purpurroter
Seidenschnur**
and over its ears it had a net of crimson silk cord
Er hielt gegenüber einem der Stände an
It stopped opposite one of the booths
und es fing an, die Orangen zu fressen
and it began eating the oranges
Anstatt wütend zu werden, lachte der Mann nur
instead of getting angry the man only laughed
**Du kannst dir nicht vorstellen, was für ein seltsames
Volk sie sind**
Thou canst not think how strange a people they are
Wenn sie froh sind, gehen sie zu den Vogelhändlern
When they are glad they go to the bird-sellers
**Sie gehen zu ihnen, um einen Vogel im Käfig zu
kaufen**
they go to them to buy a caged bird
und sie geben es frei, damit ihre Freude größer sei
and they set it free so that their joy may be greater
und wenn sie traurig sind, geißeln sie sich mit Dornen
and when they are sad they scourge themselves with
thorns
damit ihr Kummer nicht geringer werde
so that their sorrow may not grow less

Eines Abends traf ich einige Neger
One evening I met some Negroes
Sie trugen eine schwere Sänfte durch den Basar
they were carrying a heavy palanquin through the
bazaar
Er wurde aus vergoldetem Bambus gefertigt

It was made of gilded bamboo
und die Stangen waren von zinnoberrotem Lack
and the poles were of vermilion lacquer
Es war mit Messingpfauen besetzt
it was studded with brass peacocks
Über den Fenstern hingen dünne Vorhänge
Across the windows hung thin curtains
Die Vorhänge waren mit Käferflügeln bestickt
the curtains were embroidered with beetles' wings
und sie waren mit winzigen Samenperlen ausgekleidet
and they were lined with tiny seed-pearls
und als er vorüberging, lächelte mich ein bleichgesichtiger Tscherkesse an
and as it passed by a pale-faced Circassian smiled at me
Ich folgte ihnen
I followed behind them
und die Neger eilten ihre Schritte und blickten finster drein
and the Negroes hurried their steps and scowled
Aber das war mir egal
But I did not care
Ich spürte, wie eine große Neugier mich überkam
I felt a great curiosity come over me
Endlich hielten sie an einem viereckigen weißen Haus an
At last they stopped at a square white house
Es gab keine Fenster zum Haus
There were no windows to the house
Das Haus hatte nur eine kleine Tür
the house had only a little door
und die Tür war wie die Tür eines Grabes
and the door was like the door of a tomb
Sie setzten die Sänfte ab und klopften dreimal mit

einem Kupferhammer
They set down the palanquin and knocked three times
with a copper hammer
**Ein Armenier in einem Kaftan aus grünem Leder
spähte durch die Pforte**
An Armenian in a caftan of green leather peered through
the wicket
und als er sie sah, öffnete er die Tür
and when he saw them he opened the door
und er breitete einen Teppich auf der Erde aus
and he spread a carpet on the ground
und die Frau trat heraus
and the woman stepped out
**Als sie hereinkam, drehte sie sich um und lächelte
mich wieder an**
As she went in she turned round and smiled at me again
Ich hatte noch nie jemanden so blass gesehen
I had never seen anyone so pale
**Als der Mond aufging, kehrte ich an denselben Ort
zurück**
When the moon rose I returned to the same place
**und ich suchte nach dem Haus, aber es war nicht mehr
da**
and I sought for the house, but it was no longer there
Als ich das sah, wusste ich, wer die Frau war
When I saw that I knew who the woman was
und ich wußte, warum sie mich angelächelt hatte
and I knew why she had smiled at me
Gewiß hättest du bei mir sein sollen
Certainly thou should'st have been with me

Es gab ein Fest des Neumondes
There was a feast of the New Moon

der junge Kaiser trat aus seinem Palast hervor
the young Emperor came forth from his palace
Und er ging in die Moschee, um zu beten
and he went into the mosque to pray
Sein Haar und sein Bart waren mit Rosenblättern
gefärbt
His hair and beard were dyed with rose-leaves
und seine Wangen waren mit feinem Goldstaub
gepudert
and his cheeks were powdered with a fine gold dust
Seine Handflächen und Hände waren gelb von Safran
The palms of his feet and hands were yellow with
saffron
Bei Sonnenaufgang verließ er seinen Palast
At sunrise he went forth from his palace
Er war in ein silbernes Gewand gekleidet
he was dressed in a robe of silver
und bei Sonnenuntergang kehrte er wieder zurück
and at sunset he returned again
Dann wurde er in ein goldenes Gewand gekleidet
then he was dressed in a robe of gold
Die Menschen warfen sich auf den Boden
The people flung themselves on the ground
sie verbargen ihre Gesichter, aber ich würde es nicht
tun
they hid their faces, but I would not do so
Ich stand am Stand eines Dattelverkäufers und wartete
I stood by the stall of a seller of dates and waited
Als der Kaiser mich sah, zog er seine gemalten
Augenbrauen hoch
When the Emperor saw me he raised his painted
eyebrows
und er blieb stehen, um mich zu beobachten

and he stopped to observe me
**Ich stand ganz still und machte ihm keine
Ehrerbietung**
I stood quite still and made him no obeisance
Das Volk staunte über meine Kühnheit
The people marvelled at my boldness
Sie rieten mir, aus der Stadt zu fliehen
they counselled me to flee from the city
aber ich achtete nicht auf sie
but I paid no heed to them
**Stattdessen ging ich hin und setzte mich zu den
Verkäufern fremder Götter**
instead I went and sat with the sellers of strange gods
wegen ihres Handwerks werden sie verabscheut
by reason of their craft they are abominated
**Als ich ihnen erzählte, was ich getan hatte, gab mir
jeder von ihnen einen Götzen**
When I told them what I had done each of them gave me
an idol
und sie baten mich, sie zu verlassen
and they prayed me to leave them

In dieser Nacht war ich in der Straße der Granatäpfel
That night I was in the Street of Pomegranates
**Ich war in einem Teehaus und legte mich auf ein
Kissen**
I was in a tea-house and I laid on a cushion
die Wachen des Kaisers traten ein
the guards of the Emperor entered
Sie führten mich in den Palast
they led me to the palace
Als ich hineinging, schlossen sie jede Tür hinter mir
As I went in they closed each door behind me

und sie legten eine Kette über jede Tür
and they put a chain across each door
Im Inneren befand sich ein großer Hof
Inside was a great court
Die Wände waren aus weißem Alabaster
The walls were of white alabaster
Der Alabaster wurde mit blauen und grünen Kacheln verziert
the alabaster was decorated with blue and green tiles
Die Säulen waren aus grünem Marmor
The pillars were of green marble
und das Pflaster war aus Pfirsichblütenmarmor
and the pavement was of peach-blossom marble
So etwas hatte ich noch nie gesehen
I had never seen anything like it before
Als ich am Hof vorbeikam, befanden sich zwei verschleierte Frauen auf einem Balkon
As I passed the court two veiled women were on a balcony
Sie schauten von ihrem Balkon herab und beschimpften mich
they looked down from their balcony and cursed me
Die Wachen eilten weiter
The guards hastened on
die Kolben der Lanzen klirrten auf dem polierten Boden
the butts of the lances rang upon the polished floor
Sie öffneten ein Tor aus geschmiedetem Elfenbein
They opened a gate of wrought ivory
und ich befand mich in einem bewässerten Garten mit sieben Terrassen
and I found myself in a watered garden of seven terraces
Der Garten war mit Tulpenbechern und Mondblumen

bepflanzt
The garden was planted with tulip-cups and moon-
flowers
**Ein Springbrunnen hing in der dämmrigen Luft wie
ein dünnes Schilfrohr aus Kristall**
a fountain hung in the dusky air like a slim reed of
crystal
Die Zypressen waren wie ausgebrannte Fackeln
The cypress-trees were like burnt-out torches
Von einem der Bäume sang eine Nachtigall
From one of the trees a nightingale was singing
Am Ende des Gartens stand ein kleiner Pavillon
At the end of the garden stood a little pavilion
**Als wir uns dem Pavillon näherten, kamen uns zwei
Eunuchen entgegen**
As we approached the pavilion two eunuchs came out to
meet us
Ihre fetten Körper schwankten beim Gehen
Their fat bodies swayed as they walked
und sie warfen mir einen neugierigen Blick zu
and they glanced curiously at me
**Einer von ihnen zog den Hauptmann der Wache
beiseite**
One of them drew aside the captain of the guard
und mit leiser Stimme flüsterte ihm der Eunuch zu
and in a low voice the eunuch whispered to him
Der andere mampfte weiter duftende Pastillen
The other kept munching scented pastilles
**Diese nahm er aus einer ovalen Schachtel aus lila
Emaille**
these he took out of an oval box of lilac enamel
**Nach einigen Augenblicken entließ der Hauptmann
der Wache die Soldaten**

After a few moments the captain of the guard dismissed the soldiers

Sie kehrten in den Palast zurück

They went back to the palace

Die Eunuchen folgten langsam hinter den Wachen

the eunuchs followed behind the guards slowly

und sie pflückten die süßen Maulbeeren von den Bäumen

and they plucked the sweet mulberries from the trees

Einmal drehte sich der ältere Eunuch um

at one time the older eunuch turned round

und er lächelte mich mit einem bösen Lächeln an

and he smiled at me with an evil smile

Dann winkte mir der Hauptmann der Wache nach vorn

Then the captain of the guards motioned me forwards

Ich ging ohne zu zittern zum Eingang

I walked to the entrance without trembling

Ich zog den schweren Vorhang beiseite und trat ein

I drew the heavy curtain aside and entered

Der junge Kaiser lag ausgestreckt auf einem Lager aus gefärbten Löwenfellen

The young Emperor was stretched on a couch of dyed lion skins

und ein Falke saß auf seinem Handgelenk

and a falcon was perched upon his wrist

Hinter ihm stand ein Nubier mit Messingturban

Behind him stood a brass-turbaned Nubian

Er war bis zur Hüfte nackt

he was naked down to the waist

Er hatte schwere Ohrringe in seinen gespaltenen Ohren

he had heavy earrings in his split ears

Auf einem Tisch neben dem Sofa lag ein mächtiger

Krummsäbel aus Stahl
On a table by the side of the couch lay a mighty scimitar of steel
Als der Kaiser mich sah, runzelte er die Stirn
When the Emperor saw me he frowned
Er fragte mich: "Wie heißt du?"
he asked me "What is thy name?"
"Weißt du nicht, dass ich der Kaiser dieser Stadt bin?"
"Knowest thou not that I am Emperor of this city?"
Aber ich gab ihm keine Antwort
But I made him no answer
Er deutete mit dem Finger auf den Krummsäbel
He pointed with his finger at the scimitar
die Nubier bemächtigten sich dessen
the Nubian seized it
Er stürzte vorwärts und schlug mit großer Gewalt auf mich ein
rushing forward he struck at me with great violence
Die Klinge sauste durch mich hindurch und tat mir nicht weh
The blade whizzed through me and did me no hurt
Der Mann fiel auf den Boden
The man fell sprawling on the floor
Als er sich erhob, klapperten seine Zähne vor Schrecken
when he rose up his teeth chattered with terror
und er versteckte sich hinter der Couch
and he hid behind the couch
Der Kaiser sprang auf die Füße
The Emperor leapt to his feet
Er nahm eine Lanze von einem Ständer und warf sie nach mir
he took a lance from a stand and threw it at me

Ich habe ihn im Flug erwischt
I caught it in its flight
Ich habe den Schaft in zwei Teile gebrochen
I broke the shaft into two pieces
Er schoss mit einem Pfeil auf mich
He shot at me with an arrow
**aber ich hob meine Hände und es blieb in der Luft
stehen**
but I held up my hands and it stopped in mid-air
**Dann zog er einen Dolch aus einem Gürtel aus weißem
Leder**
Then he drew a dagger from a belt of white leather
und er stach dem Nubier in den Hals
and he stabbed the Nubian in the throat
damit der Sklave nicht von seiner Schande erzählte
so that the the slave would not tell of his dishonour
**Der Mann krümmte sich wie eine zertrampelte
Schlange**
The man writhed like a trampled snake
und ein roter Schaum sprudelte von seinen Lippen
and a red foam bubbled from his lips
Sobald er tot war, wandte sich der Kaiser an mich
As soon as he was dead the Emperor turned to me
**Er hatte sich den hellen Schweiß mit einer kleinen
Serviette aus purpurner Seide von der Stirn gewischt**
he had wiped away the bright sweat from his brow with
a little napkin of purple silk
Er sprach zu mir: Bist du ein Prophet?
he said to me, "Art thou a prophet?"
»Ich darf dir nichts zuleide tun?«
"I may not harm thee?"
"Oder bist du der Sohn eines Propheten?"
"or are you the son of a prophet?"

"Und kann ich dir nichts Böses tun?"
"and can I do thee no hurt?"
"Ich bitte dich, verlasse heute Nacht meine Stadt"
"I pray thee leave my city tonight"
"Solange du in meiner Stadt bist, bin ich nicht mehr ihr Herr"
"while thou art in my city I am no longer its lord"
Und ich antwortete ihm: Ich will die Hälfte deines Schatzes holen.
And I answered him "I will go for half of thy treasure"
"Gib mir die Hälfte deines Schatzes und ich gehe weg"
"Give me half of thy treasure and I will go away"
"Er nahm mich bei der Hand und führte mich hinaus in den Garten"
"He took me by the hand and led me out into the garden"
"Als der Hauptmann der Wache mich sah, wunderte er sich"
"When the captain of the guard saw me he wondered"
"Als die Eunuchen mich sahen, zitterten ihre Knie"
"When the eunuchs saw me their knees shook"
"Und sie fielen ängstlich zu Boden"
"and they fell upon the ground in fear"

Im Palast gibt es eine Kammer mit acht Wänden aus rotem Porphyr
There is a chamber in the palace that has eight walls of red porphyry
und eine messingskalierte Decke, die mit Lampen behängt war
and a brass-scaled ceiling hung with lamps
Der Kaiser berührte eine der Wände und sie öffnete sich

The Emperor touched one of the walls and it opened

Wir gingen einen Korridor entlang, der mit vielen Fackeln beleuchtet war

we passed down a corridor that was lit with many torches

In Nischen auf beiden Seiten standen große Weinkrüge

In niches upon each side stood great wine-jars

die Weinkrüge waren bis zum Rand mit Silberstücken gefüllt

the wine-jars were filled to the brim with silver pieces

Wir erreichten die Mitte des Korridors

we reached the centre of the corridor

der Kaiser sprach das Wort, das nicht gesprochen werden darf

the Emperor spoke the word that may not be spoken

eine Granittür schwang auf einer geheimen Feder zurück

a granite door swung back on a secret spring

und er hielt die Hände vors Angesicht

and he put his hands before his face

damit er nicht geblendet werde

so that he would not be dazzled

Du hättest nicht geglaubt, was für ein wunderbarer Ort das war

Thou would not have believed how marvellous a place it was

Da waren riesige Schildpatt voller Perlen

There were huge tortoise-shells full of pearls

und es gab ausgehöhlte Mondsteine von großer Größe

and there were hollowed moonstones of great size

Die Mondsteine waren mit roten Rubinen übersät

the moonstones were piled up with red rubies

Das Gold wurde in Truhen mit Elefantenhaut gelagert
The gold was stored in coffers of elephant-hide
und es war Goldstaub in Lederflaschen
and there was gold-dust in leather bottles
Es gab Opale und Saphire
There were opals and sapphires
Die Opale befanden sich in Bechern aus Kristall
the opals were in cups of crystal
und die Saphire waren in Bechern von Jade
and the sapphires were in cups of jade
Runde grüne Smaragde wurden der Reihe nach angeordnet
Round green emeralds were arranged in order
Sie wurden auf dünnen Platten aus Elfenbein ausgelegt
they were laid out upon thin plates of ivory
und in einer Ecke waren Seidensäcke, einige mit Türkissteinen gefüllt
and in one corner were silk bags filled some with turquoise-stones
und andere Säcke waren mit Beryllen gefüllt
and others bags were filled with beryls
Die elfenbeinfarbenen Hörner waren mit violetten Amethysten überhäuft
The ivory horns were heaped with purple amethysts
und die Hörner aus Messing waren mit Chalcedon und Sardensteinen überhäuft
and the horns of brass were heaped with chalcedony and sard stones
Die Säulen wurden aus Zedernholz gefertigt
The pillars were made of cedar
Sie waren mit Schnüren aus gelben Luchssteinen behängt

they were hung with strings of yellow lynx-stones
In den flachen ovalen Schilden befanden sich Karbunkel
In the flat oval shields there were carbuncles
Sie waren weinfarben und wie Gras gefärbt
they were wine-coloured and coloured like grass
Und doch habe ich dir nur einen Bruchteil von dem gesagt, was da war
And yet I have told thee but a fraction of what was there

Der Kaiser nahm ihm die Hände vor dem Angesicht weg
The Emperor took away his hands from before his face
Er sagte zu mir: "Das ist mein Haus des Schatzes."
he said to me "This is my house of treasure"
Die Hälfte dessen, was darin ist, ist dein
half that is in it is thine
das ist, was ich dir versprochen habe
this is as I promised to thee
Und ich will dir Kamele und Kameltreiber geben
And I will give thee camels and camel drivers
und sie werden tun, was du willst
and they shall do thy bidding
nimm deinen Anteil am Schatz
take thy share of the treasure
Bringen Sie es in jeden Teil der Welt, in den Sie gehen möchten .
take it to whatever part of the world thou desirest to go
Aber die Sache soll heute abend geschehen
But the thing shall be done tonight
denn die Sonne ist mein Vater
because the sun is my father
er darf nicht sehen, dass es einen Mann in der Stadt

gibt, den ich nicht töten kann

he must not see there is a man in the city that I cannot slay

Ich aber antwortete ihm: Das Gold, das hier ist, ist dein.

But I answered him "The gold that is here is thine"

"Und auch das Silber ist dein"

"and the silver also is thine"

"Und dein sind die kostbaren Juwelen"

"and thine are the precious jewels"

"Was mich betrifft, so brauche ich diese nicht"

"As for me, I have no need of these"

"Ich werde dir nichts wegnehmen"

"I shall not take anything from thee"

"Aber ich will den kleinen Ring nehmen, den du trägst"

"but I will take the little ring that thou wearest"

"Es ist am Finger deiner Hand"

"it is on the finger of thy hand"

Und der Kaiser runzelte die Stirn

And the Emperor frowned

»Es ist nur ein Ring aus Blei«, rief er

"It is but a ring of lead" he cried

"Es hat keinen Wert für dich"

"it has no value for you"

"Nimm deine Hälfte des Schatzes und zieh aus meiner Stadt"

"take thy half of the treasure and go from my city"

"Nein", antwortete ich

"Nay" I answered

"Ich nehme nichts als diesen Bleiring"

"I will take nought but that lead ring"

"denn ich weiß, was darin geschrieben steht"

"for I know what is written within it"
"und ich weiß, zu welchem Zweck es ist"
"and I know for what purpose it is"
Und der Kaiser zitterte
And the Emperor trembled
Er flehte mich an und sagte: "Nimm den ganzen Schatz."
he besought me and said "Take all the treasure"
"Nimm es und geh aus meiner Stadt"
"take it and go from my city"
"Die Hälfte, die mein ist, soll auch dein sein"
"The half that is mine shall be thine also"

Und ich tat etwas Seltsames
And I did a strange thing
aber was ich getan habe, ist nicht wichtig
but what I did matters not
denn es gibt eine Höhle, die nur eine Tagesreise von hier entfernt ist
because there is a cave that is but a day's journey from here
in dieser Höhle habe ich den Ring des Reichtums versteckt
in that cave I have hidden the Ring of Riches
sie wartet auf dein Kommen
it waits for thy coming
Wer diesen Ring hat, ist reicher als alle Könige der Welt
He who has this Ring is richer than all the kings of the world
Komm und nimm es, und der Reichtum der Welt wird dein sein
Come and take it, and the world's riches shall be thine

Aber der junge Fischer lachte
But the young Fisherman laughed
"Liebe ist besser als Reichtum", rief er
"Love is better than riches" he cried
"Und die kleine Meerjungfrau liebt mich"
"and the little Mermaid loves me"
"Nein, es gibt nichts Besseres als Reichtum", sagte die Seele
"Nay, but there is nothing better than riches" said the Soul
»Liebe ist besser«, antwortete der junge Fischer
"Love is better" answered the young Fisherman
und er stürzte sich in die Tiefe
and he plunged into the deep
und die Seele ging weinend über die Sümpfe
and the Soul went weeping away over the marshes

Nach dem dritten Jahr
After the Third Year

Nachdem das dritte Jahr vorbei war, kam die Seele zurück
After the third year was over the the Soul came back
Er kehrte an das Ufer des Meeres zurück
he came back down to the shore of the sea
und er rief dem jungen Fischer zu
and he called to the young Fisherman
und er erhob sich aus der Tiefe
and he rose out of the deep
und er sprach: Warum rufst du mich an?
and he said "Why dost thou call to me?"
Und die Seele antwortete: "Komm näher!"
And the Soul answered "Come nearer"
"Komm näher, damit ich mit dir reden kann"
"come nearer so that I may speak with thee"
"weil ich Wunderbares gesehen habe"
"because I have seen marvellous things"
So kam er näher
So he came nearer
und er legte sich in das seichte Wasser
and he couched in the shallow water
und er stützte sein Haupt auf seine Hand
and he leaned his head upon his hand
und er hörte auf seine Seele
and he listened to his soul
Und die Seele sprach zu ihm
And the Soul spoke to him

In einer Stadt, die ich kenne, gibt es eine Herberge
In a city that I know of there is an inn

Es steht an einem Fluss
it stands by a river
Ich saß da mit Matrosen
I sat there with sailors
Seeleute, die zwei verschiedenfarbige Weine tranken
sailors who drank two different coloured wines
und sie aßen Brot aus Gerste
and they ate bread made of barley
und ich aß salzige kleine Fische
and I ate salty little fish
kleine Fische, die in Lorbeerblättern mit Essig serviert wurden
little fish that were served in bay leaves with vinegar
Als wir saßen und uns lustig machten, trat ein alter Mann ein
as we sat and made merry an old man entered
Er hatte einen Lederteppich bei sich
he had a leather carpet with him
und er hatte eine Laute, die zwei Hörner von Bernstein hatte
and he had a lute that had two horns of amber
Er legte den Teppich auf den Boden
he laid out the carpet on the floor
und er schlug auf die Saiten seiner Laute
and he struck on the strings of his lute
und ein Mädchen lief herein und fing an, vor uns zu tanzen
and a girl ran in and began to dance before us
Ihr Gesicht war mit einem Schleier aus Gaze verhüllt
Her face was veiled with a veil of gauze
aber ihre Füße waren nackt
but her feet were naked
und sie bewegten sich über den Teppich wie kleine

weiße Tauben
and they moved over the carpet like little white pigeons
Noch nie habe ich etwas so Wunderbares gesehen
Never have I seen anything so marvellous
Die Stadt, in der sie tanzt, ist nur eine Tagesreise von hier entfernt
the city where she dances is but a day's journey from here
der junge Fischer hörte die Worte seiner Seele
the young Fisherman heard the words of his soul
Er erinnerte sich, dass die kleine Meerjungfrau keine Füße hatte
he remembered that the little Mermaid had no feet
und er erinnerte sich, dass sie nicht tanzen konnte
and he remembered she was unable to dance
Ein großes Verlangen überkam ihn
a great desire came over him
Er sprach zu sich selbst: "Es ist nur eine Tagereise."
he said to himself, "It is but a day's journey"
"Und dann kann ich zu meiner Liebe zurückkehren", lachte er
"and then I can return to my love," he laughed
Er richtete sich im seichten Wasser auf
he stood up in the shallow water
und er schritt auf das Ufer zu
and he strode towards the shore
Als er das trockene Ufer erreicht hatte, lachte er wieder
when he had reached the dry shore he laughed again
und er streckte seine Arme nach seiner Seele aus
and he held out his arms to his Soul
seine Seele stieß einen großen Freudenschrei aus
his Soul gave a great cry of joy
und seine Seele lief ihm entgegen

and his soul ran to meet him
und seine Seele fuhr in ihn ein
and his soul entered into him
der junge Fischer wurde eins mit seinem Schatten auf dem Sand
the young Fisherman became one with his shadow on the sand
der Schatten des Körpers, der der Körper der Seele ist
the shadow of the body that is the body of the Soul
Und seine Seele sprach zu ihm: Laß uns nicht zögern!
And his Soul said to him "Let us not tarry"
Lasst uns sofort loslegen
let us get going at once
weil die Meeresgötter eifersüchtig sind
because the Sea-gods are jealous
und sie haben Monster, die ihren Befehlen folgen
and they have monsters that do their bidding
So beeilten sie sich, in die Stadt zu gelangen
So they made haste to get to the city

Sünde / Sin

Die ganze Nacht reisten sie unter dem Mond
all that night they journeyed beneath the moon
und den ganzen nächsten Tag reisten sie unter der Sonne
and all the next day they journeyed beneath the sun
und am Abend des Tages kamen sie in eine Stadt
and on the evening of the day they came to a city
fragte der junge Fischer seine Seele
the young Fisherman asked his Soul
"Ist das die Stadt, in der sie tanzt?"
"Is this the city in which she dances?"
Und seine Seele antwortete ihm
And his Soul answered him
"Es ist nicht diese Stadt, sondern eine andere"
"It is not this city, but another"
"Lasst uns dennoch in diese Stadt eintreten"
"Nevertheless, let us enter this city"
So gingen sie in die Stadt und gingen durch die Straßen
So they entered the city and passed through the streets
Sie gingen durch die Straße der Juweliere
they passed through the street of jewellers
Als sie durch die Straße gingen, sah der junge Fischer einen silbernen Becher
as they passed through the street the young fisherman saw a silver cup
Und seine Seele sprach zu ihm: "Nimm den silbernen Becher!"
And his Soul said to him "Take that silver cup"
und seine Seele befahl ihm, den silbernen Becher zu verbergen

and his soul told him to hide the silver cup
Da nahm er den Becher und versteckte ihn
So he took the cup and hid it
und sie eilten aus der Stadt
and they went hurriedly out of the city
der junge Fischer runzelte die Stirn und warf den Becher weg
the young Fisherman frowned and flung the cup away
und er fragte seine Seele
and he asked his Soul
"Warum hast du mir gesagt, ich solle diesen Becher nehmen?"
"Why did'st thou tell me to take this cup?"
"Es war eine böse Sache, das zu tun"
"it was an evil thing to do"
Aber seine Seele sagte ihm nur, er solle in Frieden sein
But his Soul only told him to be at peace

Am Abend des zweiten Tages kamen sie in eine Stadt
on the evening of the second day they came to a city
fragte der junge Fischer seine Seele
the young Fisherman asked his Soul
"Ist das die Stadt, in der sie tanzt?"
"Is this the city in which she dances"
Und seine Seele antwortete ihm
And his Soul answered him
"Es ist nicht diese Stadt, sondern eine andere"
"It is not this city, but another"
"Lasst uns dennoch eintreten"
"Nevertheless let us enter"
So gingen sie hinein und gingen durch die Straßen
So they entered in and passed through the streets
Sie gingen durch die Straße der Sandalenverkäufer

they passed through the street of sandal sellers
Als sie durch die Straße gingen, sah der junge Fischer ein Kind
as they passed through the Street the young Fisherman saw a child
Er stand neben einem Krug mit Wasser
it was standing by a jar of water
seine Seele befahl ihm, das Kind zu schlagen
his Soul told him to smite the child
Und er schlug das Kind, bis es weinte
So he smote the child till it wept
Und als er das getan hatte, gingen sie eilends aus der Stadt hinaus
and when he had done this they went hurriedly out of the city
Nachdem sie fort waren, wurde der junge Fischer zornig
after they had left the young Fisherman grew angry
"Warum hast du mir gesagt, ich solle das Kind schlagen?"
"Why did'st thou tell me to smite the child?"
"Es war eine böse Sache, das zu tun"
"it was an evil thing to do"
Aber seine Seele sagte ihm nur, er solle in Frieden sein
But his Soul only told him to be at peace

Und am Abed des dritten Tages kamen sie in eine Stadt
And on the evening of the third day they came to a city
fragte der junge Fischer seine Seele
the young Fisherman asked his Soul
"Ist das die Stadt, in der sie tanzt?"
"Is this the city in which she dances?"

Und seine Seele antwortete ihm
And his Soul answered him
"Es kann sein, dass es diese Stadt ist, also lasst uns eintreten"
"It may be that it is this city, so let us enter"
So gingen sie hinein und gingen durch die Straßen
So they entered in and passed through the streets
aber nirgends konnte der junge Fischer den Fluß finden
but nowhere could the young Fisherman find the river
und er konnte das Wirtshaus auch nicht finden
and he couldn't find the inn either
Und die Leute in der Stadt sahen ihn neugierig an
And the people of the city looked curiously at him
und er fürchtete sich und bat seine Seele, fortzugehen
and he grew afraid and asked his soul to leave
"Wer mit weißen Füßen tanzt, ist nicht hier"
"she who dances with white feet is not here"
Aber seine Seele antwortete: "Nein, sondern lasst uns ruhen."
But his Soul answered "Nay, but let us rest"
"Weil die Nacht dunkel ist"
"because the night is dark"
"Und es werden Räuber unterwegs sein"
"and there will be robbers on the way"
Da setzte er ihn auf den Markt und ruhte sich aus
So he sat him down in the market-place and rested
und nach einer Weile kam ein vermummter Kaufmann vorbei
and after a time a hooded merchant walked past
er hatte einen Mantel aus Tartarienstoff
he had a cloak of cloth of Tartary
und er trug eine Laterne von durchbohrtem Horn

and he carried a lantern of pierced horn

Der Kaufmann fragte: "Warum sitzt du auf dem Markt?"

the merchant asked "Why dost thou sit in the market-place?"

"Die Kabinen sind geschlossen und die Ballen verkabelt"

"the booths are closed and the bales corded"

Und der junge Fischer antwortete ihm

And the young Fisherman answered him

"Ich finde keine Herberge in dieser Stadt"

"I can find no inn in this city"

"Ich habe keinen Verwandten, der mir Unterschlupf gewähren könnte"

"I have no kinsman who might give me shelter"

»Sind wir nicht alle Verwandte?« fragte der Kaufmann

"Are we not all kinsmen?" said the merchant

"Und hat uns nicht ein Gott geschaffen?"

"And did not one God make us?"

"Komm mit mir, denn ich habe ein Gästezimmer"

"come with me, for I have a guest-chamber"

Da erhob sich der junge Fischer und folgte dem Kaufmann

So the young Fisherman rose up and followed the merchant

Sie gingen durch einen Garten mit Granatäpfeln

they passed through a garden of pomegranates

und sie gingen in das Haus

and they entered into the house

Der Kaufmann brachte ihm Rosenwasser in einer kupfernen Schale

the merchant brought him rose-water in a copper dish

damit er sich die Hände waschen konnte

so that he could wash his hands
und er brachte ihm reife Melonen
and he brought him ripe melons
damit er seinen Durst stillen konnte
so that he could quench his thirst
und er gab ihm eine Schüssel Reis
and he gave him a bowl of rice
In der Schüssel mit Reis befand sich gebratenes Lamm
in the bowl of rice was roasted lamb
damit er seinen Hunger stillen konnte
so that he could satisfy his hunger
Als er geendet hatte, führte ihn der Kaufmann in das Gastgemach
after he had finished the merchant led him to the guest-chamber
und er ließ ihn schlafen
and he let him sleep
der junge Fischer dankte ihm
the young Fisherman gave him thanks
und er küßte den Ring, der an seiner Hand war
and he kissed the ring that was on his hand
Er warf sich auf die Teppiche aus gefärbtem Ziegenhaar
he flung himself down on the carpets of dyed goat's-hair
Und als er die Decke über sich zog, schlief er ein
And when pulled the blanket over himself he fell asleep

Es war drei Stunden vor Sonnenaufgang
it was three hours before dawn
als es noch Nacht war, weckte ihn seine Seele
while it was still night his Soul waked him
Seine Seele sagte ihm, er solle sich erheben
his soul told him to rise

"Steh auf und geh in das Zimmer des Kaufmanns"
"Rise up and go to the room of the merchant"
"Geh in das Zimmer, in dem er schläft"
"go to the room in which he sleeps"
"Tötet ihn im Schlaf"
"slay him in his sleep"
"Nimm ihm sein Gold"
"take his gold from him"
"Weil wir es brauchen"
"because we have need of it"
Und der junge Fischer erhob sich
And the young Fisherman rose up
und er schlich in das Zimmer des Kaufmanns
and he crept towards the room of the merchant
Zu den Füßen des Kaufmanns lag ein gebogenes Schwert
there was a curved sword at the feet of the merchant
und da war das Tablett neben dem Kaufmann
and there was the tray by the side of the merchant
Er enthielt neun Geldbeutel voll Gold
it held nine purses of gold
Und er streckte seine Hand aus und berührte das Schwert
And he reached out his hand and touched the sword
und als er es berührte, erwachte der Kaufmann
and when he touched it the merchant woke up
Er sprang auf und ergriff das Schwert
he leapt up and seized the sword
"Vergeltest du Böses mit Gutem?"
"Dost thou return evil for good?"
"Bezahlst du mit Blutvergießen?"
"do you pay with the shedding of blood?"
»als Gegenleistung für die Güte, die ich dir erwiesen

habe?«
"in return for the kindness that I have shown thee?"
Und seine Seele sprach zu dem jungen Fischer:
"Schlagt ihn!"
And his Soul said to the young Fisherman "Strike him"
und er schlug ihn, so daß er ohnmächtig wurde
and he struck him so that he swooned
Er ergriff die neun Beutel voll Gold
he seized the nine purses of gold
und er floh eilig durch den Garten der Granatäpfel
and he fled hastily through the garden of pomegranates
und er richtete sein Angesicht auf den Stern des
Morgens
and he set his face to the star of morning
Als sie die Stadt verlassen hatten, schlug sich der
junge Fischer an die Brust
When they had left the city the young Fisherman beat
his breast
"Warum hast du mir befohlen, den Kaufmann zu
töten?"
"Why didst thou bid me slay the merchant?"
"Warum hast du mich gezwungen, sein Gold zu
nehmen?"
"why did you make me take his gold?"
"Wahrlich, du bist böse"
"Surely thou art evil"
Aber seine Seele sagte ihm, er solle in Frieden sein
But his Soul told him to be at peace
»Nein,« rief der junge Fischer
"No" cried the young Fisherman
"Ich kann nicht in Frieden sein"
"I can not be at peace"
"Alles, was du mich hat tun lassen, hasse ich"

"all that thou hast made me do I hate"
"Ich hasse dich auch"
"I also hate you"
**"Warum hast du mich hierher gebracht, um diese
Dinge zu tun?"**
"why have you brought me here to do these things?"
Und seine Seele antwortete ihm
And his Soul answered him
**"Als du mich in die Welt gesandt hast, hast du mir kein
Herz geschenkt"**
"When you sent me into the world you gave me no
heart"
"Also habe ich gelernt, all diese Dinge zu tun"
"so I learned to do all these things"
"Und ich habe gelernt, diese Dinge zu lieben"
"and I learned to love these things"
»Was sagst du?« murmelte der junge Fischer
"What sayest thou?" murmured the young Fisherman
»Du weißt es,« antwortete seine Seele
"Thou knowest" answered his Soul
**"Hast du vergessen, dass du mir kein Herz geschenkt
hast?"**
"Have you forgotten that you gave me no heart?"
"Kümmere dich nicht um mich, sondern sei in Frieden"
"don't trouble yourself for me, but be at peace"
**"Weil es keinen Schmerz gibt, den man nicht
verschenken sollte"**
"because there is no pain you shouldn't give away"
**"Und es gibt kein Vergnügen, das du nicht empfangen
solltest"**
"and there is no pleasure that you should not receive"
Als der junge Fischer diese Worte hörte, zitterte er
when the young Fisherman heard these words he

trembled

"Nein, du bist böse"

"Nay, but thou art evil"

"Du hast mich meine Liebe vergessen lassen"

"you have made me forget my love"

"Du hast mich mit Versuchungen versucht"

"you have tempted me with temptations"

"Und du hast meine Füße auf die Wege der Sünde gesetzt"

"and you have set my feet in the ways of sin"

Und seine Seele antwortete ihm

And his Soul answered him

»Hast du es nicht vergessen?«

"you have not forgotten?"

"Du hast mich ohne Herz in die Welt geschickt"

"you sent me into the world with no heart"

"Komm, lass uns in eine andere Stadt gehen"

"Come, let us go to another city"

"Und lasst uns fröhlich sein"

"and let us make merry"

"Wir haben neun Geldbeutel voller Gold"

"we have nine purses of gold"

Aber der junge Fischer nahm die neun Beutel voll Gold

But the young Fisherman took the nine purses of gold

und er warf die goldenen Beutel in den Sand

and he flung the purses of gold into the sand

und er zertrampelte die Goldbeutel

and he trampled on the on the purses of gold

»Nein!« rief er in seine Seele

"Nay" he cried to his soul

"Ich will nichts mit dir zu tun haben"

"I will have nought to do with thee"

"Ich werde nirgends mit dir reisen"
"I will not journey with thee anywhere"
"So wie ich dich zuvor weggeschickt habe, so werde
ich dich jetzt wegschicken"
"just as I have sent thee away before I will send thee
away now"
"Weil du mir nichts Gutes gebracht hast"
"because thou hast brought me no good"
Und er wandte dem Mond den Rücken zu
And he turned his back to the moon
Er hielt das kleine Messer in der Hand, das den Griff
der Haut der grünen Viper hatte
he held the little knife that had the handle of green
viper's skin
und er bemühte sich, den Schatten des Körpers von
seinen Füßen zu schneiden
and he strove to cut from his feet that shadow of the
body
der Schatten des Körpers, der der Körper der Seele ist
the shadow of the body, which is the body of the Soul
Doch seine Seele regte sich nicht von ihm
Yet his Soul stirred not from him
und sie achtete nicht auf seinen Befehl
and it paid no heed to his command
"Der Zauber, den die Hexe dir gesagt hat, nützt nicht
mehr"
"The spell the Witch told thee avails no more"
"Ich darf dich nicht verlassen"
"I may not leave thee"
"Und du kannst mich nicht vertreiben"
"and thou can't drive me forth"
"Möge ein Mensch einmal in seinem Leben seine Seele
wegschicken"

"Once in his life may a man send his Soul away"
"Wer aber seine Seele zurückerhält, der soll sie ewig bewahren"
"but he who receives back his Soul must keep it for ever"
"Das ist seine Strafe und sein Lohn"
"this is his punishment and his reward"
der junge Fischer wurde blaß
the young Fisherman grew pale
Und er ballte die Hände und weinte
and he clenched his hands and cried
Sie war eine falsche Hexe, weil sie es mir nicht gesagt hatte
She was a false Witch for not telling me
»Nein,« antwortete seine Seele, »sie war keine falsche Hexe.«
"Nay," answered his Soul, "she was not a false witch"
"Aber sie war Ihm treu, den sie anbetet"
"but she was true to Him she worships"
"Und sie wird seine Dienerin sein für immer"
"and she will be his servant forever"
der junge Fischer wusste, dass er seine Seele nicht mehr loswerden konnte
the young Fisherman knew he could not get rid of his Soul again
er wusste nun, dass es eine böse Seele war
he knew now that it was an evil Soul
und seine Seele würde immer bei ihm bleiben
and his soul would abide with him always
Als er das erfuhr, fiel er auf die Erde und weinte
when he knew this he fell upon the ground and wept

Das Herz / The Heart

als es Tag wurde, erhob sich der junge Fischer
when it was day the young Fisherman rose up
Er sagte zu seiner Seele: "Ich werde meine Hände binden"
he told his Soul "I will bind my hands"
"So kann ich deinen Befehlen nicht folgen"
"that way I can not do thy bidding"
"und ich werde meine Lippen schließen"
"and I will close my lips"
"So kann ich deine Worte nicht sprechen"
"that way I can not speak thy words"
"und ich werde an den Ort zurückkehren, wo meine Liebe wohnt"
"and I will return to the place where where my love lives"
"Zum Meer werde ich zurückkehren"
"to the sea will I return"
"Ich werde dorthin zurückkehren, wo sie für mich gesungen hat"
"I will return to where she sung to me"
"und ich werde sie rufen"
"and I will call to her"
"Ich werde ihr sagen, was ich Böses getan habe"
"I will tell her the evil I have done"
"Und ich will ihr sagen, was für ein Böses du mir angetan hast"
"and I will tell her the evil thou hast wrought on me"
seine Seele versuchte ihn
his Soul tempted him
»Wer ist deine Liebe?«
"Who is thy love?"

»Warum solltest du zu ihr zurückkehren?«
"why should thou return to her?"
"Die Welt hat viele, die schöner sind als sie"
"The world has many fairer than she is"
"Da sind die Tänzerinnen von Samaris"
"There are the dancing-girls of Samaris"
"Sie tanzen, wie Vögel tanzen"
"they dance the way birds dance"
"Und sie tanzen, wie die Tiere tanzen"
"and they dance the way beasts dance"
"Ihre Füße sind mit Henna bemalt"
"Their feet are painted with henna"
"Und in ihren Händen haben sie kleine kupferne Glöckchen"
"and in their hands they have little copper bells"
"Sie lachen, während sie tanzen"
"They laugh while they dance"
"Und ihr Lachen ist so klar wie das Lachen des Wassers"
"and their laughter is as clear as the laughter of water"
"Komm mit mir, ich werde sie dir zeigen"
"Come with me and I will show them to thee"
"Denn was ist das für eine Sorge von dir wegen der Dinge der Sünde?"
"For what is this trouble of thine about the things of sin?"
"Ist das, was angenehm zu essen ist, nicht für den Esser gemacht?"
"Is that which is pleasant to eat not made for the eater?"
"Ist Gift in dem, was süß zu trinken ist?"
"Is there poison in that which is sweet to drink?"
"Beunruhige dich nicht, sondern komm mit mir in eine andere Stadt"
"Trouble not thyself, but come with me to another city"

"Es gibt eine kleine Stadt mit einem Garten von
Tulpenbäumen"
"There is a little city with a garden of tulip-trees"
"In seinem Garten gibt es weiße Pfauen"
"in its garden there are white peacocks"
"Und es gibt Pfauen, die blaue Brüste haben"
"and there are peacocks that have blue breasts"
"Ihre Schwänze sind wie Scheiben aus Elfenbein"
"Their tails are like disks of ivory"
"wenn sie ihre Schwänze in der Sonne ausbreiten"
"when they spread their tails in the sun"
"Und die, die sie ernährt, tanzt zu ihrem Vergnügen"
"And she who feeds them dances for their pleasure"
"Und manchmal tanzt sie auf ihren Händen"
"and sometimes she dances on her hands"
"Und ein anderes Mal tanzt sie mit den Füßen"
"and at other times she dances with her feet"
"Ihre Augen sind mit Stibium gefärbt"
"Her eyes are coloured with stibium"
"und ihre Nüstern sind geformt wie die Flügel einer
Schwalbe"
"and her nostrils are shaped like the wings of a swallow"
"Sie lacht, während sie tanzt"
"She laughs while she dances"
"Und die silbernen Ringe an ihren Knöcheln ringen"
"and the silver rings on her ankles ring"
"Mach dir keine Sorgen mehr"
"Don't trouble thyself any more"
"Komm mit mir in diese Stadt"
"come with me to this city"
Aber der junge Fischer antwortete seiner Seele nicht
But the young Fisherman did not answer his Soul
Er schloß seine Lippen mit dem Siegel des Schweigens

he closed his lips with the seal of silence
und er band sich die Hände mit einem festen Strick
and he bound his own hands with a tight cord
und er reiste dahin zurück, von wo er gekommen war
and he journeyed back to from where he had come
Er reiste zurück in die kleine Bucht
he journeyd back to the little bay
und er reiste dahin, wo seine Liebe für ihn gesungen hatte
and he journeyed to where his love had sung for him
Seine Seele versuchte, ihn auf seinem Weg in Versuchung zu führen
His Soul tried to tempt him along the way
aber er gab seiner Seele keine Antwort
but he made his soul no answer
und er würde nichts von der Bosheit seiner Seele tun
and he would do none of his soul's wickedness
So groß war die Kraft der Liebe, die in ihm war
so great was the power of the love that was within him
Als er das Ufer erreichte, löste er die Schnur
when he reached the shore he loosed the cord
und er nahm das Siegel des Schweigens von seinen Lippen
and he took the seal of silence from his lips
rief er der kleinen Meerjungfrau zu
he called to the little Mermaid
Aber sie folgte seinem Ruf nach ihr
But she did answer his call for her
Sie antwortete nicht, obwohl er den ganzen Tag anrief
she did not answer although he called all day

seine Seele verspottete ihn
his Soul mocked him

"Du hast wenig Freude an deiner Liebe"
"you have little joy out of thy love"
"Du gießt Wasser in ein zerbrochenes Gefäß"
"you are pouring water into a broken vessel"
"Du hast verschenkt, was du hattest"
"you have given away what you had"
"Aber es ist dir nichts zurückgegeben worden"
"but nothing has been given to you in return"
"Es wäre besser, wenn du mit mir kämest"
"It would be better if you came with me"
"weil ich weiß, wo das Tal der Lust liegt"
"because I know where the Valley of Pleasure lies"
Aber der junge Fischer antwortete seiner Seele nicht
But the young Fisherman did not answer his Soul
In einer Felsspalte baute er sich ein Haus
in a cleft of the rock he built himself a house
und er blieb dort für den Zeitraum eines Jahres
and he abode there for the space of a year
jeden Morgen rief er nach der Meerjungfrau
every morning he called to the Mermaid
Jeden Mittag rief er ihr wieder zu
every noon he called to her again
und in der Nacht sprach er ihren Namen aus
and at night-time he spoke her name
aber sie erhob sich nie aus dem Meer, um ihm zu begegnen
but she never rose out of the sea to meet him
und er konnte sie nirgends im Meer finden
and he could not find her anywhere in the sea
Er suchte sie in den Höhlen
he sought for her in the caves
Er suchte sie im grünen Wasser
he sought for her in the green water

Er suchte sie in den Tümpeln der Flut
he sought for her in the pools of the tide
und er suchte sie in den Brunnen, die auf dem Grund der Tiefe sind
and he sought for her in the wells that are at the bottom of the deep
seine Seele hörte nicht auf, ihn mit dem Bösen zu versuchen
his Soul didn't stop tempting him with evil
und es flüsterte schreckliche Dinge
and it whispered terrible things
aber seine Seele konnte ihn nicht besiegen
but his Soul could not prevail against him
Die Macht seiner Liebe war zu groß
the power of his love was too great

nachdem das Jahr um war, dachte die Seele in sich selbst
after the year was over the Soul thought within himself
"Ich habe meinen Herrn mit dem Bösen versucht"
"I have tempted my master with evil"
"aber seine Liebe ist stärker als ich"
"but his love is stronger than I am"
"Ich werde ihn jetzt mit Gutem versuchen"
"I will tempt him now with good"
"Es kann sein, dass er mit mir kommt"
"it may be that he will come with me"
So sprach er zu dem jungen Fischer
So he spoke to the young Fisherman
"Ich habe dir von der Freude der Welt erzählt"
"I have told thee of the joy of the world"
"Und du hast mir ein taubes Ohr zugewandt"
"and thou hast turned a deaf ear to me"

"Erlaube mir, dir vom Schmerz der Welt zu erzählen"
"allow me to tell thee of the world's pain"
"Und es kann sein, dass du zuhörst"
"and it may be that you will listen"
"Denn der Schmerz ist der Herr dieser Welt"
"because pain is the Lord of this world"
"Und es gibt niemanden, der seinem Netz entkommt"
"and there is no one who escapes from its net"
"Es gibt einige, denen es an Kleidung mangelt"
"There be some who lack raiment"
"Und es gibt andere, denen es an Brot mangelt"
"and there are others who lack bread"
"Es gibt Witwen, die in Purpur sitzen"
"There are widows who sit in purple"
"Und es gibt Witwen, die in Lumpen sitzen"
"and there are some widows who sit in rags"
"Die Bettler gehen auf den Straßen auf und ab"
"The beggars go up and down on the roads"
"Und ihre Taschen sind leer"
"and their pockets are empty"
"Durch die Straßen der Städte geht die Hungersnot"
"Through the streets of the cities walks famine"
"Und die Pest sitzt vor ihren Toren"
"and the plague sits at their gates"
"Kommt, laßt uns hingehen und diese Dinge ausbessern"
"Come, let us go forth and mend these things"
"Lasst uns diese Dinge anders machen"
"let us make these things be different"
"Warum solltest du hier warten und deine Liebe anrufen?"
"why should you wait here calling to thy love?"
"Sie wird nicht zu deinem Ruf kommen"

"she will not come to your call"
"Und was ist Liebe?"
"And what is love?"
"Und warum schätzen Sie es so sehr?"
"And why do you value it so highly?"
Aber der junge Fischer antwortete seiner Seele nicht
But the young Fisherman didn't answer his soul
so groß war die Macht seiner Liebe
so great was the power of his love
Und jeden Morgen rief er nach der Meerjungfrau
And every morning he called to the Mermaid
und jeden Mittag rief er ihr wieder zu
and every noon he called to her again
und in der Nacht sprach er ihren Namen aus
and at night-time he spoke her name
Doch nie erhob sie sich aus dem Meer, um ihm entgegenzugehen
Yet never did she rise out of the sea to meet him
auch an keiner Stelle des Meeres konnte er sie finden
nor in any place of the sea could he find her
obwohl er sie in den Flüssen des Meeres suchte
though he sought for her in the rivers of the sea
und in den Tälern, die unter den Wellen liegen
and in the valleys that are under the waves
im Meer, das die Nacht purpurn macht
in the sea that the night makes purple
und im Meer, das die Morgenröte grau macht
and in the sea that the dawn leaves grey

nach Ablauf des zweiten Jahres
after the second year was over
die Seele sprach nachts zu dem jungen Fischer
the Soul spoke to the young Fisherman at night-time

als er allein in dem Flechthaus saß
as he sat in the wattled house alone
"Ich habe dich mit Bösem versucht"
"I have tempted thee with evil"
"Und ich habe dich mit Gutem versucht"
"and I have tempted thee with good"
"Und deine Liebe ist stärker als ich"
"and thy love is stronger than I am"
"Ich will dich nicht mehr versuchen"
"I will tempt thee no longer"
"Aber bitte erlaube mir, in dein Herz einzutreten"
"but please allow me to enter thy heart"
"damit ich eins mit dir bin wie zuvor"
"so that I may be one with thee as before"
"Gewiß, du darfst eintreten!" sagte der junge Fischer
"Surely thou mayest enter" said the young Fisherman
"Denn als du kein Herz hattest, musst du gelitten
haben"
"because when you had no heart you must have
suffered"
»Ach!« rief seine Seele
"Alas!" cried his Soul
"Ich finde keinen Eingang"
"I can find no place of entrance"
"So umhüllt von Liebe ist dieses dein Herz"
"so compassed about with love is this heart of thine"
"Ich wünschte, ich könnte dir helfen!" sagte der junge
Fischer
"I wish that I could help thee" said the young Fisherman
Während er sprach, ertönte ein großer Trauerschrei
vom Meer her
as he spoke there came a great cry of mourning from the
sea

der Schrei, den die Menschen hören, wenn einer der Seeleute tot ist
the cry that men hear when one of the Sea-folk is dead
der junge Fischer sprang auf und verließ sein Haus
the young Fisherman leapt up and left his house
und er lief zum Ufer hinab
and he ran down to the shore
Die schwarzen Wellen eilten ans Ufer
the black waves came hurrying to the shore
Die Wellen trugen eine Last, die weißer als Silber war
the waves carried a burden that was whiter than silver
Es war so weiß wie die Brandung
it was as white as the surf
und es wälzte sich auf den Wellen wie eine Blume
and it tossed on the waves like a flower
Und die Brandung hat es den Wellen entrissen
And the surf took it from the waves
und der Schaum nahm es aus der Brandung
and the foam took it from the surf
und das Ufer empfing es
and the shore received it
Zu seinen Füßen lag der Leichnam der kleinen Meerjungfrau
lying at his feet was the body of the little Mermaid
Sie lag tot zu seinen Füßen
She was lying dead at his feet
Er warf sich neben sie und weinte
he flung himself beside her and wept
und er küßte das kalte Rot ihres Mundes
and he kissed the cold red of her mouth
und er streichelte den nassen Bernstein ihres Haares
and he stroked the wet amber of her hair
Er weinte wie jemand, der vor Freude zittert

he wept like someone trembling with joy
In seinen braunen Armen drückte er sie an seine Brust
in his brown arms he held her to his breast
Kalt waren die Lippen, doch er küsste sie
Cold were the lips, yet he kissed them
Salzig war der Honig ihres Haares
Salty was the honey of her hair
und doch kostete er es mit bitterer Freude
yet he tasted it with a bitter joy
Er küsste die geschlossenen Augenlider
He kissed the closed eyelids
Die wilde Gischt, die auf ihr lag, war weniger Salz als seine Tränen
the wild spray that lay upon her was less salt than his tears
Der toten kleinen Meerjungfrau legte er ein Geständnis ab
to the dead little mermaid he made a confession
In ihre Ohrmuscheln goß er den herben Wein seiner Erzählung
Into the shells of her ears he poured the harsh wine of his tale
Er legte die kleinen Hände um seinen Hals
He put the little hands round his neck
und mit seinen Fingern berührte er das dünne Schilfrohr ihrer Kehle
and with his fingers he touched the thin reed of her throat
Seine Freude war bitter und sein Schmerz voll einer seltsamen Fröhlichkeit
his joy was bitter and his pain was full of a strange gladness
Das Schwarze Meer kam näher

The black sea came nearer
und der weiße Schaum stöhnte wie ein Aussätziger
and the white foam moaned like a leper
das Meer am Ufer gepackt Mit weißen Schaumkrallen
the sea grabbed at the shore With white claws of foam
Aus dem Palast des Meereskönigs ertönte wieder der Trauerschrei
From the palace of the Sea-King came the cry of mourning again
und weit draußen auf dem Meer bliesen die großen Tritonen heiser auf ihren Hörnern
and far out upon the sea the great Tritons blew hoarsely upon their horns
"Fliehe!" sagte seine Seele
"Flee away" said his Soul
"Wenn das Meer näher kommt, wird es dich töten"
"if the sea comes nearer it will slay thee"
"Bitte lasst uns gehen, denn ich fürchte mich"
"please let us leave, for I am afraid"
"Weil dein Herz gegen mich verschlossen ist"
"because thy heart is closed against me"
"fliehe aus der Größe deiner Liebe an einen sicheren Ort"
"out of the greatness of thy love flee away to a place of safety"
"Du würdest mich doch nicht ohne Herz in eine andere Welt schicken?"
"Surely you would not send me into another world without a heart?"
Aber der junge Fischer hörte nicht auf seine Seele
But the young Fisherman did not listen to his Soul
aber er rief die kleine Meerjungfrau an
but he called on the little Mermaid

und er sagte: "Liebe ist besser als Weisheit."
and he said "Love is better than wisdom"
"Liebe ist kostbarer als Reichtum"
"love is more precious than riches"
"Und die Liebe schöner als die Füße der
Menschentöchter"
"and love fairer than the feet of the daughters of men"
"Die Feuer können die Liebe nicht zerstören"
"The fires cannot destroy love"
"Das Wasser kann die Liebe nicht auslöschen"
"the waters cannot quench love"
"Ich rief dich im Morgengrauen an"
"I called on thee at dawn"
"Und du bist meinem Ruf nicht gefolgt"
"and thou didst not come to my call"
"Der Mond hörte deinen Namen"
"The moon heard thy name"
"Aber der Mond hat mir nicht geantwortet"
"but the moon didn't answer me"
"Ich habe dich verlassen, um Böses zu tun"
"I left thee to do evil"
"Und ich habe gelitten für das, was ich getan habe"
"and I have suffered for what I've done"
"Aber meine Liebe zu dir hat mich nie verlassen"
"but my love for you has never left me"
"Und meine Liebe war immer stark"
"and my love was always strong"
"Nichts hat sich gegen meine Liebe durchgesetzt"
"nothing prevailed against my love"
"obwohl ich auf das Böse geschaut habe"
"though I have looked upon evil"
"und ich habe auf Gutes geschaut"
"and I have looked upon good"

"Und nun, da du tot bist, werde ich gewiß auch mit dir sterben."

"And now that thou are dead, surely I will also die with thee"

seine Seele flehte ihn an, zu gehen

his Soul begged him to depart

aber er wollte nicht gehen, so groß war seine Liebe

but he would not leave, so great was his love

Das Meer kam näher

the sea came nearer

und das Meer suchte ihn mit seinen Wellen zu bedecken

and the sea sought to cover him with its waves

und als er wußte, daß das Ende nahe war, küßte er die kalten Lippen der Meerjungfrau

and when he knew that the end was at hand he kissed the cold lips of the Mermaid

und das Herz, das in ihm war, brach

and the heart that was within him broke

von der Fülle seiner Liebe brach sein Herz

from the fullness of his love his heart did break

die Seele fand einen Eingang und trat ein

the Soul found an entrance and entered in

und seine Seele war eins mit ihm, genau wie zuvor

and his Soul was one with him just like before

Und das Meer bedeckte den jungen Fischer mit seinen Wellen

And the sea covered the young Fisherman with its waves

Segen / Blessings

am Morgen ging der Priester hinaus, um das Meer zu segnen

in the morning the Priest went forth to bless the sea

weil der Priester beunruhigt war

because the priest had been troubled

Die Mönche und die Musiker gingen mit ihm

the monks and the musicians went with him

und die Kerzenträger kamen auch mit dem Priester

and the candle-bearers came with the priest too

und die Schwinger der Weihrauchfässer kamen mit dem Priester

and the swingers of censers came with the priest

und eine große Gesellschaft von Menschen folgte ihm

and a great company of people followed him

Als der Priester das Ufer erreichte, sah er den jungen Fischer

when the Priest reached the shore he saw the young Fisherman

Er lag ertrunken in der Brandung

he was lying drowned in the surf

und in seinen Armen war der Leichnam der kleinen Meerjungfrau

and clasped in his arms was the body of the little Mermaid

Und er zog sich stirnrunzelnd zurück

And he drew back frowning

Er bekreuzigte sich und rief laut aus:

he made the sign of the cross and exclaimed aloud:

"Ich werde weder das Meer noch irgendetwas, was darin ist, segnen"

"I will not bless the sea nor anything that is in it"

"Verflucht sei das Seevolk"
"Accursed be the Sea-folk"
"Und verflucht seien alle, die mit ihnen Handel treiben"
"and accursed be all they who traffic with them"
"Und was den jungen Fischer betrifft, er verließ Gott um der Liebe willen"
"And as for the young fisherman, he forsook God for the sake of love"
"Und so liegt er hier mit seiner Geliebten"
"and he so lays here with his lover"
"und er wurde durch Gottes Gericht getötet"
"and he was slain by God's judgement"
"nimm seinen Leib und den Leib seiner Geliebten auf"
"take up his body and the body of his lover"
"Begrabe sie in der Ecke des Feldes"
"bury them in the corner of the Field"
"Setze keine Markierung über sie"
"set no mark above them"
"Gib ihnen keinerlei Zeichen"
"don't give them any sign of any kind"
"Niemand soll wissen, wo er ruht"
"none shall know the place of their resting"
"weil sie in ihrem Leben verflucht waren"
"because they were accursed in their lives"
"und sie werden verflucht sein in ihrem Tod"
"and they shall be accursed in their deaths"
Und das Volk tat, wie er ihm befohlen hatte
And the people did as he commanded them
in der Ecke des Feldes, wo keine süßen Kräuter wuchsen
in the corner of the Field where no sweet herbs grew
Sie gruben eine tiefe Grube

they dug a deep pit
und sie legten die Toten in die Grube
and they laid the dead things within the pit

als das dritte Jahr vorbei war
when the third year was over
an einem Tag, der ein heiliger Tag war
on a day that was a holy day
der Priester ging zur Kapelle hinauf
the Priest went up to the chapel
Er ging hin, um dem Volk die Wunden des Herrn zu zeigen
he went to show the people the wounds of the Lord
und er redete zu ihnen über den Zorn Gottes
and he spoke to them about the wrath of God
Er kleidete sich mit seinen Gewändern
he robed himself with his robes
und er verneigte sich vor dem Altar
and he bowed himself before the altar
Er sah, dass der Altar mit seltsamen Blumen bedeckt war
he saw that the altar was covered with strange flowers
Blumen, die er noch nie zuvor gesehen hatte
flowers that never had he seen before
Sie waren seltsam anzusehen
they were strange to look at
aber sie hatten eine interessante, freundliche Schönheit
but they had an interesting kind beauty
Ihre Schönheit beunruhigte ihn
their beauty troubled him
Ihr Geruch war süß in seiner Nase
their odour was sweet in his nostrils

Er freute sich, aber er verstand nicht, warum
he felt glad but he did not understand why
Er fing an, zu den Menschen zu sprechen
he began to speak to the people
er wollte zu ihnen über den Zorn Gottes sprechen
he wanted to speak to them about the wrath of God
aber die Schönheit der weißen Blumen beunruhigte ihn
but the beauty of the white flowers troubled him
und ihr Geruch war süß in seinen Nasenlöchern
and their odour was sweet in his nostrils
und ein weiteres Wort kam ihm auf die Lippen
and another word came onto his lip
er sprach nicht über den Zorn Gottes
he did not speak about the wrath of God
aber er sprach von dem Gott, dessen Name die Liebe ist
but he spoke of the God whose name is Love
Er wußte nicht, warum er davon sprach
he did not know why he spoke of this
Und als er fertig war, weinte das Volk
And when he had finished the people wept
und der Priester ging zurück in die Sakristei
and the Priest went back to the sacristy
und seine Augen waren voller Tränen
and his eyes were full of tears
Und die Diakone kamen herein und fingen an, ihm die Robe zu entkleiden
And the deacons came in and began to unrobe him
Und er stand wie einer im Traum
And he stood as one in a dream
"Was sind das für Blumen, die auf dem Altar stehen?"
"What are the flowers that stand on the altar?"

"Woher kommen sie?"
"where did they come from?"
Und sie antworteten ihm
And they answered him
"Welche Blumen das sind, können wir nicht sagen"
"What flowers they are we cannot tell"
"Aber sie kommen aus der Ecke des Feldes"
"but they come from the corner of the field"
Und der Priester zitterte
And the Priest trembled
Und er kehrte in sein Haus zurück und betete
and he returned to his house and prayed
Und am Morgen, als es noch dämmerte, ging er mit
den Mönchen hinaus
And in the morning while it was still dawn he went
forth with the monks
Er ging mit den Musikern hinaus
he went forth with the musicians
die Kerzenträger und die Schwinger der
Weihrauchfässer
the candle-bearers and the swingers of censers
und er hatte eine große Gesellschaft von Leuten
and he had a great company of people
und er kam an das Ufer des Meeres
and he came to the shore of the sea
damit alle sehen können, segnete er das Meer
for everyone to see he blessed the sea
und er segnete alle wilden Dinge, die darin sind
and he blessed all the wild things that are in it
Er segnete auch die Faune
he also blessed the fauns
und er segnete die kleinen Dinge, die im Wald tanzen
and he blessed the little things that dance in the

woodland
und er segnete die helläugigen Dinge, die durch die Blätter spähen
and he blessed the bright-eyed things that peer through the leaves
er segnete alles, was in Gottes Welt war
he blessed all the things in God's world
und das Volk war erfüllt von Freude und Staunen
and the people were filled with joy and wonder
aber in der Ecke des Feldes wuchsen nie wieder Blumen
but flowers never grew again in the corner of the field
und das Seevolk kam nie wieder in die Bucht
and the Sea-folk never came into the bay again
weil sie an einen anderen Teil des Meeres gegangen waren
because they had gone to another part of the sea

Das Ende / The End

www.tranzlaty.com